Akureyri

Egilstadir

Höfn

ISLAND

Für Paula

und zur Erinnerung an ihren Freund Erill frá Katulabo

Weltreise
Island

*Auf glühenden
Kohlen*

Jana Steingäßer

Illustrationen von Sabine Rixen

Unser gesamtes lieferbares Programm und
viele ergänzende Informationen finden Sie unter
www.dix-verlag.de

ISBN 978-3-941651-74-6
Alle Rechte vorbehalten
© DIX Verlag, Düren Bonn 2016

Illustrationen: Sabine Rixen
Gestaltung und Satz: fototypo Berlin
Druck und Bindung: CPI – Ebner & Spiegel, Ulm
Printed in Germany

Wer aus dem Sturm heimkommt, hat Erfahrung

(Isländisches Sprichwort)

Islandpferde-Gehöft
Einarstaðir, Südisland
14. April 2010, 1 Uhr 23

„Wacht auf! Es ist soweit!" Birnas aufgeregte Stimme reißt Élin aus dem Tiefschlaf. *„Los, los, wir dürfen keine Zeit verlieren."* Sie knipst das grelle Deckenlicht an.

Élin ist sofort wach und schlägt die Bettdecke zurück. Birna muss lächeln, als sie sieht, dass ihre Tochter in Reithosen und Wollpullover geschlafen hat.

„Ist es so schlimm wie vorhergesagt?"

Einar blickt aus dem Fenster in die kalte Frühjahrsnacht. In der Dunkelheit sieht alles so aus wie immer. Kein Anzeichen einer Veränderung oder einer Gefahr. Trotzdem.

„Warum würden sie uns mitten in der Nacht wecken, wenn es nicht wirklich ernst wäre? Stimmt doch oder?"

Einar, Élins Bruder, sieht seine Mutter fragend an. Birna antwortet nicht. Sie setzt sich auf Élins Bettkante. Ihre Augen sehen müde aus, mit dunklen Ringen darunter.

Seit Februar kündigen zahlreiche Erdbeben einen erneuten Vulkanausbruch an. Es wurde immer schlimmer. Allein in den Tagen vom 3. bis 5. März hat es dreitausend Erdbeben in Island gegeben.

„Jetzt sag schon", drängt Élin.

„Sie sind sich sicher: Das Biest ist wieder erwacht!"

Ein geheimer Plan

Island aktuell online, 14. April 2010

+++ alle Bauernhöfe in Gefahrenzone des Eyjafjallajökull im Süden Islands evakuiert +++ kurz vor Mitternacht im südwestlichen Teil des Vulkans Serie von Erdbeben +++ Ringstraße teilweise gesperrt +++ Vulkanologe Haraldur Sigurdsson hatte Ausbruch des Hauptkraters des Eyjafjallajökull prognostiziert +++ jetzt Gewissheit: nach 187 Jahren ist der Vulkan Eyjafjallajökull wieder aktiv +++

Mein Vater beugt sich über eine zerknitterte Landkarte. Sein Haar fällt ihm in feuchten Strähnen über die Stirn. An seiner linken Wange klebt Dreck. Seine Augen sind geschwollen. Hat er geweint?

In der überfüllten Turnhalle, in der wir behelfsmäßig für die Nacht untergebracht sind, stinkt es. Nach Schweiß, nach Rauch, nach Schafmist.

Alle unsere Nachbarn sind wie wir evakuiert worden und in Notunterkünften untergebracht, seitdem der Vulkan *Eyjafjallajökull* erwacht ist. Direkt hinter dem Eingang haben Helfer einige Tische aneinandergereiht. Wie um alles in der Welt haben sie es mitten in der Nacht geschafft, so viel Essen aufzutürmen? Und wer hat jetzt schon Hunger? Mir ist eher schlecht. Ich will nach Hause, zurück auf unseren Hof *Einarstaðir*. Nach Afdrif schauen, und nach den anderen Jungpferden.

„Wenn die Aschewolke uns erreicht, haben wir auf keinen Fall genügend Platz für alle Pferde. Die Schafe müssen auch noch untergebracht werden."

Mein Vater klingt so nüchtern, als ob er darüber entscheiden würde, wo er den Landrover unterstellen soll. Aber hier geht es um

Afdrif. Um meinen besten Freund. Um ein Versprechen, das ich einhalten werde.

Papas Blick durchbohrt mich. „Wir müssen eine Entscheidung treffen. Unsere Existenz steht auf dem Spiel – wiedermal!"

Als ob ich das nicht wüsste. Jedem einzelnen Hofbesitzer in dieser Halle steht die Sorge um die Zukunft ins Gesicht geschrieben.

„Dann bleibt es bei unserem Notfallplan." Meine Eltern sind sich einig. Ich kann es nicht fassen!

„Soll das heißen, wir lassen die Jungpferde einfach auf den Weiden? Was ist mit der giftigen Asche, die der *Eyjafjallajökull* ausspuckt. Wenn sie die fressen oder über das Wasser zu sich nehmen, werden sie krank und können im schlimmsten Fall sterben."

„Das wissen wir." Papas Ton wird ruppig. „Aber wir haben keinen Platz mehr in den Ställen. Und bei den jetzigen Vorhersagen ist es viel zu gefährlich, die Herde in den Norden zu bringen. Auch wenn sie dort in Sicherheit wäre. Die Lava hat den Gletscher an manchen Stellen schon geschmolzen. Da stürzen reißende Wassermassen ins Tal. Wenn wir Pech haben, kommen noch Schlammlawinen dazu. Dann gibt es auf der Ringstraße sowieso kein Durchkommen mehr."

Ich kann es einfach nicht fassen. Ist das derselbe Vater, der mir im letzten Jahr mein erstes eigenes Jungpferd geschenkt hat? Derselbe Árni, der mir immer und immer wieder eingebläut hat, dass ich nun die Verantwortung für den braunen Wallach Afdrif ganz alleine trage? Unmöglich! Warum sieht er nicht, dass ich gar keine Wahl habe, als Afdrif in Sicherheit zu bringen? Koste es, was es wolle!

Es gibt nur eine Person, mit der ich jetzt sprechen will, und das überrascht mich selbst: Lilja. Auch wenn wir uns in der letzten Zeit nicht gerade gut verstanden haben und Lilja nicht die Bohne an Pferden interessiert ist. Nicht mehr zumindest.

Mir ist schlecht. Das ist immer so, wenn ich richtig aufgeregt bin. Und das bin ich, als ich durch die lärmgeflutete Halle zu dem Tisch laufe, an dem Lilja sitzt und sich die Zeit mit Kartenspielen vertreibt. Sie bemerkt erst gar nicht, dass ich komme. Seit sie nicht mehr reitet, hat sie sich verändert. Diese schicken Klamotten, die goldenen Ohrringe. Was soll mir Lilja schon helfen. „Blöde Idee", denke ich und will mich gerade wieder davonschleichen.

„Wie geht es dir, Élin?" Sie hat mich gesehen, bevor ich unbemerkt verschwinden kann.

„Sie wollen die Jungpferde einfach auf den Winterweiden lassen", platzt es aus mir heraus. Typisch ich. Immer falle ich mit der Tür ins Haus. Diplomatie gehört ganz sicher nicht zu meinen Stärken.

Lilja hebt den Kopf. Ihr glänzender Pferdeschwanz schaukelt. Sie legt den Stapel Karten aus der Hand und sieht mich ehrlich erstaunt an.

„Ist Afdrif nicht auch da draußen?"

Ich nicke und drehe meinen Kopf zur Seite, um die aufsteigenden Tränen unbemerkt zu schlucken.

„Das ist ja das Schlimmste daran!"

Lilja schiebt ihre Karten in die Mitte des Tisches, nickt den anderen Spielern kurz zu, greift nach ihrer schicken Tasche aus grellgrün gefärbtem Leder und hakt sich bei mir unter. Wir schieben uns an Männern und Frauen vorbei, die sich mit dampfendem Kaffee in der Hand wachhalten. Lilja zieht mich in den Raum neben dem Eingang, in dem die Turngeräte aufbewahrt werden.

„Árni wird seine Meinung nicht ändern. Ich kenne meinen Vater."

„Okay, nur mal angenommen, er würde es schaffen, die Pferde rechtzeitig von den Weiden zu holen, bevor die giftige Asche dort eintrifft. Hättet ihr genug Platz im Stall?"

Ich schüttele kaum merklich den Kopf.

„Kannst du mit Jóhann sprechen? Vielleicht hat dein Vater noch Platz für ein paar unserer Jungpferde? Nur, bis das Schlimmste ausgestanden ist."

„Vergiss es. Unsere Ställe platzen aus allen Nähten. Das weiß ich, weil ich ausnahmsweise einen Fuß reingesetzt habe."

Meine letzte Hoffnung – geplatzt. Ich rutschte mit dem Rücken an der Wand entlang und lasse mich auf den Boden sinken.

„Dann muss ich mir eben etwas anderes einfallen lassen."

„Jetzt spiel nicht die beleidigte Leberwurst." Lilja setzt sich im Schneidersitz neben mich. „Jóhann würde dir bestimmt helfen, wenn er könnte. Genauso wie dein Vater. Aber er muss schließlich auch an den Hof denken. Du kannst doch nicht von ihm erwarten, dass er seine wertvollsten Pferde aus dem Stall holt, um ein paar Jungpferde unterzubringen."

„Dass du mich nicht verstehst, überrascht mich nicht die Bohne!"

„So ein Quatsch! Natürlich verstehe ich dich. Aber willst du vielleicht, dass euer Hof Pleite geht? Damit wäre Afdrif auch nicht geholfen."

Eine Weile sitzen wir auf dem kalten Linoleumboden. Schweigend.

„Wohin zieht die Aschewolke eigentlich genau?"

Mir kommt eine Idee!

„Soweit ich weiß nach Osten. Aber der Wind kann schnell drehen. Warum?"

„Dann bleibt nur eine einzige Möglichkeit. Ich muss Afdrif und den Rest der Herde zu Bjarki bringen."

„Bjarki Lúkasson, der Freund deines Vaters? Meinst du den?"

Ich kenne Lilja verdammt gut.

„Versuch gar nicht erst, mich davon abzubringen!"

„Élin, du spinnst! Der wohnt doch ganz oben im Norden, am *Blöndulón*, oder?"

Lilja erwartet gar nicht, dass ich antworte.

„Das sind von *Einarstaðir* bestimmt weit mehr als zweihundert, ich schätze sogar fast dreihundert Kilometer, und mehr als neunzig davon durchs Hochland. Hallo, schon vergessen, dass die Strecken alle noch gesperrt sind? Dort liegt Schnee! Mit Sack und Pack brauchst du dafür gut und gerne sieben Tage, wenn alles glatt läuft. Und selbst wenn du es schaffen würdest, dort anzukommen, ist doch gar nicht sicher, dass Bjarki Platz für die Pferde hat. Und außerdem erlauben das deine Eltern nie im Leben."

„Wer hat denn gesagt, dass ich sie um Erlaubnis fragen will? Und dass ich von dir keine Unterstützung erwarten kann, war ja klar. Tu mir nur einen Gefallen, Lilja, und halte ausnahmsweise mal die Klappe. Kein Wort zu irgendwem."

Ich meine es nicht so schroff, wie es jetzt vielleicht klingt. Aber Lilja hat schon ziemlich viel Mist gebaut, weil sie Geheimnisse nicht für sich behalten kann. Lilja sagt nichts, fingert nur in ihrer Tasche und fischt einen kleinen Spiegel hervor, in dem sie sich betrachtet. Dann klappt sie ihn zusammen, legt ihn weg und sieht mich an.

„Élin, das ist kompletter Wahnsinn!"

„Ich hätte dir einfach nicht davon erzählen sollen."

„Du bist meine beste Freundin. Ich würde wirklich einiges machen, um dir zu helfen, Afdrif zu retten. Aber da mache ich nicht mit!"

„Dann versprich mir wenigstens, dass du nichts verrätst."

Ich schrecke zusammen, als plötzlich Papas Kopf hinter dem Reckbarren hervorlugt. Woher um alles in der Welt weiß er, wo Lilja und ich stecken?

„Alles klar bei euch, Mädels?"

„Alles bestens", antwortet Lilja, so als sei nichts gewesen.

„Es gibt eine vorläufige Entwarnung. Wir dürfen auf die Höfe zurück."

Jetzt habe ich es eilig. Schnell weg von Lilja. Freundin? Von wegen!

Bevor ich mich hinter Papa her in die grell beleuchtete Turnhalle zwängen kann, hält Lilja mich am Ärmel zurück.

„Mach keinen Mist, Élin! Versprich es mir!"

Wie soll ich etwas versprechen, was ich nicht halten kann?

Aufbruch ins Ungewisse

Island aktuell online, 14. April 2010
+++ Wasserspiegel in Lagune unter der Gletscherzunge Gígjökull an der Nordseite des Gletschers am Eyjafjallajökull steigt rasant +++ weitere Gletscherläufe im Markarfljót und jeweils deutlicher Anstieg des Wasserspiegels im Fluß zu beobachten +++ bei Erkundungsflügen große Absenkung im Gletschereis entdeckt +++ Eis um Ausbruchstelle schmilzt rasant, aufliegende Eisschichten brechen ein +++ Länge der Eruptionsspalte auf 2000 Meter geschätzt +++ Eruptionswolke erreicht aktuell Höhe von rund 7000 Metern +++

Durch das geschlossene Fenster kann ich sehen, wie Papa seine grünen Gummistiefel in den Kofferraum legt. Unsere zwei Islandhunde Haki und Hrefna springen triefnass hinterher.

Ich betrachte die Landschaft, die unser Haus umgibt. Ich liebe unseren Hof *Einarstaðir*. Nicht nur, weil ich hier großgeworden bin. Hier jemals wegzugehen, das wäre das Schlimmste, was ich mir vorstellen kann. Keine Ahnung, warum Einar es so furchtbar findet. Sobald er mit der Schule fertig ist, will er weg von hier. Daraus macht er kein Geheimnis. Er hasst die langen, dunklen Winter, die eiskalte Winde aus dem Norden über das Land fegen lassen. Und nicht nur die.

Die Fensterscheibe vor meiner Nase beschlägt. Ich wische mit dem Ärmel meines Pullovers darüber. An klaren Tagen kann ich von meinem Bett aus den *Eyjafjallajökull* sehen. Heute ist der Himmel grau. Die Asche zieht langsam aber sicher in unsere Richtung. Und das ist erst der Anfang. Alles, was sich meine Eltern auf *Einarstaðir* aufgebaut haben, steht jetzt auf dem Spiel. Ich weiß, dass Island die größte Vulkaninsel der Welt ist. Jedes isländische Kind lernt schon vor dem ersten Schritt, dass unsere Vorfahren unsere Heimat an einer verdammt explosiven Stelle aufgebaut haben: der Nahtstelle zwischen der eurasischen und der nordamerikanischen Kontinentalplatte. Das ist ungefähr so, wie wenn ich auf die Idee käme, im Frühling ein Zeltlager auf einem gefrorenen See aufzuschlagen. Wann die Erde unter unserer Insel sich mal wieder so richtig austobt, den Boden zum Beben bringt und mit Lava um sich wirft, darauf haben wir einfach keinen Einfluss. Wenn wir Pech haben, passiert es jährlich, manchmal haben wir auch zwei, drei oder mehr Jahre Ruhe. Sieben ausbruchsfreie Jahre sind aber schon eine echte Seltenheit.

Mein Vater ruft meiner Mutter etwas durch den Nieselregen zu, aber ich kann nicht verstehen, was er sagt. Dann knallt er die Autotür und fährt ungewohnt schnell davon. Viel Zeit bleibt mir für meine Pläne nicht. Ich muss den richtigen Moment abpassen, und zwar schnell, bevor alle Straßen geschlossen sind. Unter meinem Bett ziehe ich die Satteltaschen aus wasserdichtem Wachstuch hervor. Staubflusen kleben an dem Stoff. Die Dinger waren beim Hochlandritt in Benutzung. Im letzten August, als noch alles in Ordnung war. Mir schießen Bilder durch den Kopf: Meine Eltern Árni und Birna beim Beschlagen der Pferde. Lilja mit wehenden Haaren beim Aufbau der Paddocks. Die fantastisch bunten Berge des *Landmannalaugar*. Schwarze Lavazungen. Lilja, Einar und ich in den heißen Quellen, umgeben von Odinshühnchen und Thorshühnchen. Sturmböen und Regenmassen, durchweichte Stiefel und matschige Hosen. Picknick auf sonnengewärmten Moospolstern ... Schluss jetzt mit schönen Erinnerungen. Ich muss mich beeilen!

So leise wie möglich gleite ich die Treppe ins Erdgeschoss runter. Durch den Spalt der Küchentür vergewissere ich mich, dass Mama nicht in der Küche ist. Ich fühle mich irgendwie mies, weil ich im Begriff bin, meine Eltern zu belügen. Aber ich habe Afdrif ein Versprechen gegeben. Und das werde ich halten! Die Speisekammer neben der Küche quillt wie immer über. Mama liebt es, zum Supermarkt zu fahren. Nicht, weil sie dringend etwas kaufen muss, sondern um die Nachbarn zu treffen, einen Kaffee zu trinken, Neuigkeiten auszutauschen und zu spekulieren, welcher Züchter in der kommenden Saison das beste Pferd haben wird. Mit leeren Händen kommt sie von diesen Einkaufstouren natürlich nicht zurück.

Es muss etwas Haltbares sein, was ich mitnehme. *Kleinur*, mein Lieblingsschmalzgebäck, Stockfisch und *Flatbrauð*, das traditionelle isländische Fladenbrot. Ich stopfe alles in einen Stoffbeutel. Nur so viel, dass Mama nicht sofort etwas bemerkt und Verdacht schöpft. Aber genug für die Reise nach Norden, auf der ich nur äußerst selten Gelegenheit haben werde, meine Vorräte aufzufüllen.

Ein Geräusch hinter mir! Ich zucke zusammen und stoße dabei gegen die Krähenbeerenmarmelade, die Mama im Herbst eingekocht hat. Ein Glas knallt auf den Boden und zerspringt.

„Verdammter Mist!"

Einar steht hinter mir. Als ich mich umdrehe, schaut er mir grinsend in die Augen.

„Warum erschreckst du mich halb zu Tode?", fauche ich ihn an. Ich hasse es, auf frischer Tat ertappt zu werden. Noch dazu von einem besserwisserischen Bruder.

„Die Frage ist ja wohl eher, warum du so schreckhaft bist. Wolltest du mal wieder heimlich an die Gebäckdosen?"

Ich schnappe mir schnell einen Stapel alter Zeitungen und wickele das zersprungene Glas ein. Dann wische ich so lange über den klebrigen Boden, bis die letzten Krähenbeeren im Papier verschwunden sind. Einar beobachtet mich schweigend.

„Ist noch was?" Einen neugierigen Bruder, der auch noch dumme Fragen stellt, kann ich gerade nicht gebrauchen.

„Na ja, eigentlich wollte ich dich fragen, was du in den Taschen da hast."

„Was geht dich das eigentlich an, Einar?"

Es ist manchmal die Pest, einen Bruder wie Einar zu haben.

„Eigentlich ist es auch unwichtig, was du noch in deinen Taschen hast. Die Frage ist vielmehr: Was hast du mit dem ganzen Essen vor?"

Einar kann wie ein kleiner, aufdringlicher Terrier sein. Wenn er sich einmal an einer Idee festgebissen hat, lässt er nicht mehr locker. Zu allem Überfluss läuft jetzt auch noch Mama am Fenster vorbei.

„Hör zu, Einar. Ich bringe Lilja und ihrer Familie ein paar Vorräte rüber. Ist ja nicht jede Speisekammer so voll wie unsere, und du weißt ja, dass die Leute vom *Rauði krossinn* wollen, dass alle Familien in der Gefahrenzone genügend Vorräte zu Hause haben. Nur für den Notfall."

„Und seit wann sprichst du wieder mit Lilja?"

Ich hebe die zwei schweren Einkaufsbeutel auf und dränge mich an Einar vorbei. „Mama muss das ja nicht unbedingt wissen. Sonst macht sie sich wieder Sorgen."

Mamas Schlüssel klackert schon im Schloss. Schnell, und trotzdem so unauffällig wie möglich, haste ich über den kalten Küchenboden und die Treppe zu meinem Zimmer hoch. Immer drei Stufen auf einmal. Gerade noch rechtzeitig schiebe ich meine Beutel ins Zimmer und schließe die Tür hinter mir ab.

Was man für einen Hochlandritt im Sommer benötigt, wenn Begleitfahrzeuge Gepäck und Verpflegung an die Berghütten kutschieren, weiß ich. Was ich für einen Ritt in den Norden benötige, wenn es schneit und der *Eyjaf-jallajökull* mir im Nacken sitzt, weiß ich nicht wirklich. Rasch krame ich lange Wollunterhosen, zwei paar Wollstrümpfe, meinen dicksten Islandpullover, eine Schneehose und zwei Ersatz-Reithosen aus dem Schrank, und Regenhose und Regenjacke lege ich so bereit, dass ich beides schnell anziehen kann, wenn sich die Gelegenheit zum unbemerkten Aufbruch ergibt. Dann ist da noch das Kraftfutter für die Pferde. Unmöglich, das alles auf einem Pferd zu transportieren. In Gedanken gehe ich die Pferde durch, die momentan in guter Kondition sind und die für eine solche Bergtour in Frage kommen. Ich habe noch nie eine freilaufende Herde alleine über das Hochland gebracht. Aber jetzt ist nicht der richtige Moment, um zögerlich zu sein.

„Es gibt Neuigkeiten vom Wetterdienst. Kommt runter!" Mama klingt nervös.

Ich schiebe die Satteltaschen unters Bett und schließe die Zimmertür auf. Mama steht am Küchentisch und gießt sich eine Tasse Kaffee nach. Einar hat schon die Ausdrucke mit den neuesten Vulkaninfos vor sich liegen und erklärt uns alles haargenau.

„Es heißt, es kann sich nur noch um etwa drei Stunden handeln, dann verwandelt die Aschewolke hier den Tag in rabenschwarze Nacht. Sie warnen vor dem Fluorgehalt in der Asche. Wenn unsere Tiere das Zeug fressen, haben sie kaum Überlebenschancen."

Ich denke an Afdrif. Mein Herz rast. Vor Sorge und vor Wut. Auf diesen blöden Vulkan und seine Asche und auf meine Eltern.

„Wir müssen einen Weg finden, sie alle unterzubringen!" Mein letzter Versuch.

„Euer Vater ist schon zu Gudmundsson gefahren und klappert auch die anderen Höfe ab. Vielleicht haben wir ja doch noch die Möglichkeit, die Jungpferde einzustellen. Aber viel Zeit bleibt uns nicht mehr, bevor die Asche hier eintreffen wird."

„Im Moment weht der Wind hier bei uns aber aus nordwestlicher Richtung. Wenn das so bleiben würde, kommt bei uns vielleicht gar nichts von der Asche an", überlegt Einar.

„Ach ja? Und sollen wir nun hier sitzen und Däumchen drehen und Afdrif und die Jungpferde einfach ihrem Schicksal überlassen?"

Wie schaffen es Einar und unsere Eltern, so gleichgültig zu sein?

Mama schüttelt müde und ratlos den Kopf. Sie zieht einen Ausdruck der Evakuierungspläne hervor.

„Wir haben es gedreht und gewendet. Es bleibt dabei: Wir können nicht länger warten und etwas riskieren, und wir können auf unserem Hof nicht alle Tiere unterbringen. Die wertvollsten zuerst!"

Einar studiert weiter die Wetter- und Windvorhersagen.

„So wie es aussieht, bleibt der Norden mal wieder von der großen Katastrophe verschont", bemerkt er in meine Richtung gewandt.

Ich tue so, als ob ich Einars Bemerkung nicht hören würde.

„Was ist eigentlich mit dir los, Élin? Du siehst so aus, als ob du etwas ausgefressen hättest!"

Ich habe keinen Einfluss darauf – mein Kopf läuft rot an.

„Sie war mal wieder an den Keksdosen", rettet Einar mich.

„Typisch!"

Mama zieht sich ihren Matsch verschmierten Regenmantel über und schlüpft in ihre Gummistiefel.

„Ich fahre noch schnell zu den westlichen Weiden und sehe nach, wie weit die Männer mit dem Schafeeintreiben sind. Ihr bleibt bitte im Haus. Ich habe das Handy dabei. Sobald Neuigkeiten vom *Rauði krossinn* oder vom Meteorologischen Dienst hier eintreffen, müsst ihr uns verständigen. Alles klar?"

Mama verlässt das Haus, ohne unsere Antwort abzuwarten. Mein Herz schlägt jetzt wirklich bis zum Hals. Ist mein Plan, die Jungpferde in den Norden zu treiben, vielleicht doch vollkommen verrückt? Das Hochland ist unberechenbar, auch ohne Vulkanausbruch. Die Aktion könnte komplett schiefgehen. Aber welche Wahl habe ich schon? Drei Stunden, dann kann die Asche hier sein. Dann ist es für Afdrif zu spät.

Als ich höre, wie Einars Zimmertür ins Schloss fällt, ziehe ich schnell die Satteltaschen hervor und stülpe mir Regenjacke und Regenhose hastig über. Die Winterstiefel liegen zum Glück noch im Windfang. Ich drücke mich an die Hauswand wie ein Dieb und schiebe mich so unauffällig und leise wie möglich an dem kalten Gemäuer entlang Richtung Stall.

Drei Stunden!

Ohne das Licht anzuschalten, taste ich mich zur Sattelkammer vor. Dort fülle ich zwei weitere Packtaschen mit Kraftfutter und lege Sattel und Zaumzeug zurecht. Den dicksten Daunenschlafsack und das leichte Zwei-Mann-Zelt wickele ich in wasserdichte Plane und drücke und quetsche so lange, bis beides in den Packtaschen verstaut ist.

Es dauert einen Moment, bis ich in der Dunkelheit die einzelnen Pferde erkennen kann. Die Pferde sind aufgeregt. Sie drehen sich unruhig hin und her. Wenn sie könnten, würden sie sicher fliehen. Kátur, einen kräftigen, braunen Wallach mit langer Mähne und einem Schopf bis zu den Nüstern, trense und sattele ich, und zwei weiteren Pferden streife ich Halfter über. Mit nur einem Reitpferd schafft man diese Strecke nicht in kürzester Zeit. Ich werde also immer abwechselnd auf einem der drei Pferde reiten. Die Hufeisen sitzen zum Glück fest und sind kaum abgenutzt. Dann befestige ich die Packtaschen auf den Pferderücken. Gerade als ich den Riegel des Stalls hinter mir zuschiebe, höre ich eine Stimme.

„Ganz schön viel Essen für Liljas Familie."

Einar!

„Sag Mama und Papa, dass ich gleich wieder zurück bin, ja?"

„Hast du auch nur die geringste Ahnung, auf was du dich einlässt? Das Schmelzwasser hat schon einen Teil der Ringstraße weggespült. Wenn das so weitergeht, sind wir bald komplett von der Außenwelt abgeschnitten."

Er weiß, was ich vorhabe!

„Meinen Einschätzungen nach ist die Wahrscheinlichkeit, dass du alle Pferde und dich selbst gesund in den Norden bringen kannst, kleiner als die Wahrscheinlichkeit, dass heute noch ein Blitz auf *Einarstaðir* einschlägt"

„Woher weißt du ...?", unterbreche ich ihn, noch immer um Fassung ringend.

„Ich kann eins und eins zusammenzählen."

Einar geht in die Sattelkammer und kommt mit einem Sattel, einer Trense und zwei Halftern zurück.

„Hast du an gute Karten gedacht? Und an eine App, die uns beim Orientieren im Hochland hilft?"

„Uns? Bist du sicher, dass das was für dich ist?" Einar soll bloß nicht merken, dass ich Muffensausen habe.

„Was das Equipment betrifft, kannst du dich auf mich verlassen, Élin. Meinen eigenen Berechnungen nach dürfte es entgegen der offiziellen Ankündigungen noch ein bis zwei Tage dauern, bis die Asche tatsächlich bei uns ankommt. Außerdem ist nicht die Asche das größte Problem im Moment, sondern die Schmelzwassermasse. Der Ausbruch findet knapp unterhalb des höchsten Gipfels des *Eyjafjallajökull* am südlichen Ende der *Caldera* statt. Die Rauchsäule steigt momentan acht Kilometer hoch. Lava konnten die Forscher noch nicht entdecken, aber das Schmelzwasser fließt nördlich und südlich ..."

Ich mache einen Schritt auf meinen Bruder zu und umarme ihn so fest, dass er kurz wankt.

„Danke", flüsterte ich ihm ins Ohr.

Ich kann mir zwar schon denken, dass Einar mich mit seiner besserwisserischen und vollkommen unpraktischen Art mehr als einmal in den Wahnsinn treiben wird. Aber das ist mir in diesem Moment ausnahmsweise schnurzpiepegal.

Der Wettlauf beginnt

Island aktuell online, 14. April 2010
+++ *Östlich vom Vulkanschlot heute heftige Ascheniederschläge* +++ *Bezirke* Skaftártunga, Meðalland *und* Landbrot *besonders betroffen* +++ *Landwirte fürchten um Höfe und Tierbestände* +++ *Kontakt mit Asche aufgrund des extremen Fluorgehalts u.U. tödlich* +++

Das letzte Update zum Ausbruchsverlauf macht mir nicht gerade Mut. Trotzdem brechen wir auf. Um zur Weide der Jungpferde zu gelangen, müssen wir den Weg zwischen *Einarstaðir* und *Jóhannstaðir*, Liljas Zuhause, entlangreiten. Ich bete, dass weder Mama und Papa noch Liljas Eltern, Jóhann und Katrin, gerade in der Nähe sind.

Am Gatter stehen drei Pferde. In der Mitte ein Schimmel, mit Reiter. Besser gesagt mit einer Reiterin. Ich sehe die langen Haare im Wind wehen. Auch wenn wir noch weit entfernt sind, erkenne ich sie an ihrer Haltung: Lilja! Und ich kann es nicht fassen. Woher weiß sie, dass ich jetzt aufbreche?

Lilja sitzt auf ihrer Stute Meyla und lächelt mich an.

„Du willst mitkommen? Bist du dir sicher? Kannst du dich überhaupt noch erinnern, wie man sich auf einem Pferderücken hält?"

„Haha, sehr witzig. "

„Und dir ist schon klar, dass du unterwegs schmutzig und nass wirst? Und dass du frieren wirst?"

Ich will unbedingt, dass Lilja mitkommt. Ich wünsche mir nichts mehr als das. Aber, was ich vorhabe, wird kein Sonntags-Spazier-Ritt bei schönem Sommerwetter.

„Ist schon klar." Sie klingt überzeugt. Trotzdem bohre ich weiter.

„Und wenn wir einmal unterwegs sind, gibt es kein Zurück. Wir können nicht umdrehen, weil dir kalt ist, das Essen nicht schmeckt oder die Berghütten zu schmutzig sind."

Lilja verzieht das Gesicht, aber nimmt mir das alles scheinbar nicht übel.

„Du hältst mich wirklich für eine Prinzessin auf der Erbse, oder?"

Drei Stunden, dann kommt die Asche. Vielleicht früher – vielleicht etwas später. Ich schiebe alle Zweifel beiseite.

„Wir müssen erstmal so schnell wie möglich weg, bevor unsere Eltern etwas bemerken", drängt nun Einar.

„Was hast du Jóhann und Katrin gesagt?"

„Dass ich eine Nacht bei euch bin."

„Ob die das schlucken?" Lilja war seit einem halben Jahr nicht mehr bei mir.

„Hast du eine bessere Idee?"

Habe ich nicht.

Ich ziehe meinen handgeschriebenen Zettel aus der Tasche, auf dem ich die grobe Route festgelegt habe.

„Der Hochlandweg *Kjalvegur* ist unsere einzige Chance, zu dieser Jahreszeit in den Norden zu kommen. Er beginnt gleich hinter dem *Gullfoss*."

Einar zückt sein iPhone. „Von hier bis zum *Gullfoss* brauchen wir bestimmt fast zwei Tage."

„Wenn wir das hinter uns haben und der *Kjalvegur* beginnt, dann kriegen sie uns nicht mehr. Die ganze Region ist zu dieser Jahreszeit für Autos gesperrt."

Ich merke selbst, dass ich so klinge, als ob ein schießwütiges Verfolgungskommando hinter uns her wäre.

„Ja, Mama, eine kurze Frage", ruft Einar gegen den Wind in sein Handy. „Bei Jóhann, Katrin und Lilja sind Helfer ausgefallen. Was meinst du? Sollen wir unsere Hilfe anbieten?"

Einar klingt wie ein Kater, der schnurrt, um Futter zu bekommen. „Klar kommen wir sofort, wenn sich die Lage ändert. Bist du sicher, dass ihr uns heute nicht mehr braucht? Und unsere Pferde haben wir schon versorgt, da braucht ihr euch heute nicht mehr drum zu kümmern!"

Einar grinst siegessicher. Dann schiebt er wortlos das iPhone in seine Tasche, gurtet ein letztes Mal seinen Sattel nach und öffnet das Gatter der Jungpferdeweide. Afdrif ist der erste, der durch die Zaunöffnung geht. Die anderen folgen, ohne zu zögern. Ich schließe das Gatter hinter dem letzten Pferd. Vielleicht fällt es so nicht gleich auf, dass die Jungpferde nicht mehr da sind. Dann reite ich im flotten Tölt los. Die Herde, Einar und Lilja folgen mir. Kurz hinter dem Nachbargehöft kommt uns ein Wagen entgegen. Wenn uns jetzt jemand erkennt, ist alles vorbei, noch bevor es überhaupt angefangen hat! Zum Glück biegt der Fahrer ab und wundert sich anscheinend auch nicht darüber, dass drei Reiter mit Handpferden unterwegs sind, während im Hintergrund der *Eyjafjallajökull* sein Innerstes nach außen stülpt und ganz Island in Alarmbereitschaft versetzt.

Solange die Pferde zusammenbleiben, fühlen sie sich in Sicherheit. Außerdem können sie hier noch gar nicht ausbüchsen, weil das gesamte Land eingezäunt ist. Obwohl ich am liebsten ohne Pause bis ins Hochland reiten würde, damit uns niemand mehr einholen kann, stellen wir unsere Herde aus neun Reitpferden und sechs Jungpferden am späten Nachmittag in ein Viehgatter abseits vom Weg. Schließlich können wir nicht schon unser ganzes Pulver am ersten Tag verschießen und die Pferde so erschöpfen, dass sie die lange Reise nicht überstehen. Sogar Wasser und Heu gibt es hier ausreichend. Vermutlich hat der Bauer seine Pferde gerade erst in den Stall gebracht. In Sicherheit. Weg von der Aschespucke des *Eyjafjallajökull*.

Meine Hände sind so schweinekalt, dass ich meine Finger nicht mehr spüre. Trotz Handschuhen. Aus den Augenwinkeln beobachte ich Lilja. Sie hat blaue Lippen und sieht total durchgefroren aus. Trotzdem mault sie nicht. Keine einzige Beschwerde kommt über ihre Lippen.

Wir suchen uns eine geschützte Stelle hinter einem großen Felsen und bauen unser Zelt auf. Der Wind bläst so stark, dass er uns die Zeltplane beinah aus der Hand reißt. Wir sind zu müde und durchgefroren, um noch Wasser zu kochen. Lilja und Einar verschwinden direkt im Zelt. Ich schaue ein letztes Mal in der Dämmerung nach Afdrif. Entspannt steht er über das Heu gebeugt. Als er mich sieht, bläht er die Nüstern und schnaubt ganz leise.

„Ich habe es doch versprochen", flüstere ich ihm zu. Aber der Wind schnappt meine Worte, bevor sie Afdrif erreichen, und nimmt sie mit sich fort.

Lilja hat sich ihren Schlafsack bis über den Kopf gezogen. Nur ihre rotgefrorene Nasenspitze guckt noch raus. Einar sitzt an Liljas Fußende und tippt irgendwas in sein iPhone. Er sieht blass aus.

„Mach das Zelt zu!"

Ich streife meine Stiefel ab und ziehe den Reißverschluss hinter mir zu.

„Krass! Was ein Monster!" Einar reißt die Augen weit auf. „Hört euch das mal an."

Ich rolle meinen Schlafsack neben Lilja aus und warte auf das, was jetzt kommt.

„Der Vulkan *Laki* war ein tödlicher Killer, wegen der Dauer seines Ausbruchs und den teils giftigen Gasen, die er in die Atmosphäre schleuderte. Er löschte ein Fünftel der

gesamten Inselbevölkerung aus. Selbst in vierzig Kilometer Entfernung wurden Höfe vernichtet. In den ersten zwölf Tagen warf er jede Sekunde soviel Lava wie in zwei Olympia taugliche Schwimmbecken passt. Der Ausbruch des *Laki* 1783 bis 1784 war die größte Verschmutzung der Erdatmosphäre der vergangenen 250 Jahre."

Die Frühjahrskälte kriecht mir bis in die Knochen. Eine Insel, die so nah am nördlichen Polarkreis liegt wie Island, lockt nicht mal im Sommer mit Schwimmbadwetter. Besonders im Hochland versperren Schneemassen bis in den späten Frühling oft die Straßen. Und unberechenbar ist das Wetter hier sowieso immer. Vulkanausbrüche toppen das Ganze dann noch. Ich ziehe meinen Schlafsack so weit zu, dass ich gerade noch ein Loch zum Atmen habe.

„Was macht dieses Zeug eigentlich mit Menschen und Tieren?", will Lilja wissen.

„Fluor stabilisiert normalerweise Knochen und Zähne. Aber überdosiert ist es wirklich pures Gift."

Einar sucht weiter nach Einträgen über den historischen Vulkanausbruch und liest sie uns laut vor. Eigentlich will ich gar nichts mehr darüber hören, aber in dem kleinen Zelt entkomme ich seinem Vortrag nicht.

„Um den *Laki* herum waren 7000 Quadratkilometer Land mit Fluor verseucht. Tiere, die dort grasten, nahmen die giftige Asche auf. Ihre Innereien wurden verätzt, ihre Knochen und Zähne deformiert. Wenn dann endlich der Tod kam, ..."

„Halt die Klappe!"

Ich merke selbst, dass ich hysterisch klinge. Aber ich will es wirklich nicht hören. Ich presse so fest meine Hände auf beide Ohren, bis sie nicht mehr richtig durchblutet sind. Mein Gesicht ist tränennass, als ich mich aufsetze.

„Kapiert ihr jetzt, warum ich Afdrif in Sicherheit bringen muss?"

„Noch ist übrigens nicht gesagt, dass die Asche des *Eyjafjallajökull* genauso giftig ist und solche Aschemengen ausgestoßen werden."

Einar will mir Mut machen, aber es nutzt nichts. Ich wälze mich beim Einschlafen unruhig von einer zur anderen Seite.

„Seid ihr noch wach?"

Aus Liljas Schlafsack kommt ein leises Grummeln. Einar dreht sich zu mir um.

„Was ist?"

„Wir müssen es schaffen!"

Schweigen. Was sollen sie auch sagen?

„Aber eins müssen wir uns schwören." Liljas strubbelige Haare kommen hinter Einar zum Vorschein. „Wenn einer von uns Dreien in Gefahr ist, dann ist es Zeit, abzubrechen."

Einar schlägt sofort in Liljas hochgehaltene Hand ein.

„Élin?"

Will Lilja jetzt schon aufgeben?

„Ich meine, ernsthaft in Gefahr. Nicht, weil die Füße kalt sind oder meine Desinfektionstücher einfrieren."

„Du schleppst Desinfektionstücher mit auf einen Hochlandritt?"

Ich muss lachen. Lilja ist eben Lilja, so wie sie ist. Und es macht diese absurde Situation normaler. Alltäglicher irgendwie.

Ich strecke Daumen, Zeigefinger und Mittelfinger in die Höhe. „Abgemacht!" Das ist mehr als ein Versprechen. Das ist ein Schwur.

Erschreckt fahre ich aus dem Tiefschlaf hoch. Aufgeregtes Wiehern. Und etwas trommelt direkt neben mir. Immer lauter, lauter, lauter. Es dauert einen Moment, bis mir klar ist, wo ich bin. Das Trommelgeräusch kommt vom Regen, der auf die Zeltplane fällt. Auch das noch! Weil es so eng ist im Zelt und ich mit meinem Schlafsack das Innenzelt gegen die Außenhaut drücke, wird die Zeltplane undicht. Die ganze Innenseite ist schon feucht. Genauso wie mein Schlafsack. Kleine, kalte Wasserperlen tropfen bei jedem Stoß gegen das Zelt auf mich runter.

Habe ich geträumt oder sind die Pferde unruhig? Vorsichtig öffne ich die Reisverschlüsse am Zelt, schlüpfe in meine Stiefel und Winterjacke. Alles andere habe ich in der Nacht gar nicht erst ausgezogen. Meine Zähne klappern. Vor Kälte, schätze ich, vielleicht aber auch vor Aufregung. Die Pferde laufen unruhig im Paddock hin und her. Ich habe keine Uhr zur Hand, aber vom Licht her müsste es ungefähr fünf sein. Weil der Himmel noch dämmrig ist, kann ich nicht erkennen, ob die Aschewolke uns erreicht hat. Aber irgendetwas spüren die Pferde.

„Alles klar da draußen?" Einar steckt den Kopf aus dem Zelteingang und reibt sich die Augen.

„Ich weiß nicht ... sie sind unruhig."

Einar schaut auf die Uhr. „Viertel nach fünf."

Bingo!

„Wir sollten aufbrechen. Ich habe mir den Streckenverlauf und die Neuigkeiten vom Wetterdienst angesehen. Der Wind steht günstig. Aber je schneller wir die Südküste verlassen und das Hochland erreichen, umso sicherer sind wir."

Einar hat Recht. Die Ringstraße führt einmal um die gesamte Insel. Der Abschnitt an der Südküste ist wegen des Vulkanausbruchs momentan zwar kaum befahren, aber ab und zu kommt doch mal ein Farmer vorbei. Oder ein Notarzt oder ein Laster vom *Rauði krossinn*. Und es reicht ja schon, wenn uns einer verpfeift.

In der Falle

Island aktuell online, 15. April 2010

+++ Ascheniederschläge in Gebieten östlich des Vulkanschlotes +++ Bezirke Álftaver, Meðalland und Skaftártunga besonders betroffen +++ Sicht teilweise unter 150 Meter +++ Ringstraße östlich von Vík wegen Aschefall gesperrt +++ Ortschaften Vík und Skógar bis auf Weiteres weder von Osten noch von Westen aus erreichbar +++ Aschewolke erreicht inzwischen aufgrund der Westwinde auch die britischen Inseln +++ erhebliche Behinderungen im internationalen Luftverkehr +++

Jetzt machen wir es doch. Wir laufen direkt und ausweglos auf eine Falle zu. Und das schon am zweiten Tag. Wir sind so hungrig und durchgefroren, dass uns der Gedanke an einen heißen, süßen Kakao und Hot Dogs nicht mehr loslässt.

Sogar ich bin dafür, obwohl ich weiß, was für uns auf dem Spiel steht. Während Einar und ich die Herde hüten, reitet Lilja zur nächsten Tankstelle, um etwas zu essen und ein stabiles Kunststoffseil zu besorgen. Vielleicht können wir damit im Hochland eine provisorische Umzäunung bauen. Dann müssten wir nicht abwechselnd bei den Pferden Nachtwache halten.

Ich sehe meinem Bruder zu, wie er jedes einzelne Pferd kontrolliert. Er fährt mit seinen Händen an ihren Beinen entlang, hebt die Hufe, schaut nach Verletzungen und Schwellungen.

„Was ist eigentlich so schlimm an *Einarstaðir*?"

Einar schaut mich nicht an und fährt mit seiner Arbeit fort.

„Gar nichts."

„Warum willst du dann so schnell wie möglich weg?"

„Nur, weil ich weg will, finde ich *Einarstaðir* noch lange nicht schrecklich!"

„Was ist mit Mama und Papa? Die brauchen dich!"

„Es geht genauso gut ohne mich."

„Kannst du es dir nicht nochmal überlegen?"

Einar zuckt mit den Schultern.

Als Afdrif an der Reihe ist, übernehme ich.

„Wetten, dass du es vermissen würdest?"

Einar kommt nicht mehr zum Antworten. Ist vielleicht auch besser so. Lilja taucht hinter der Wegbiegung auf. Als sie von Meyla absteigt, sehe ich, dass sie sich gewaschen und gekämmt hat. Trotzdem verkneife ich mir eine Bemerkung. Nicht nur, weil Lilja jetzt die Thermoskanne mit heißem Kakao und sechs Hot Dogs aus der Satteltasche zieht.

„Glück gehabt." Lilja drückt mir die Sachen in die Hand. „Der alte Magnússon hat mich an der Tankstelle angequatscht. Aber so wie er drauf war, hatte er schon ein paar *Brennivín* intus."

„Das darf doch nicht wahr sein! Hat er dich erkannt?" Jetzt verfluche ich das Brötchen in meiner Hand.

„Das weiß man bei ihm doch nie."

„Hat er was gesagt?"

„Er hat mich gewarnt. Vor dem *Huldufólk*, den Elfen, Feen, Trollen und Gnomen, die durch den *Eyjafjallajökull* aufgeschreckt sind. Und die wütend auf jeden Menschen sind, der sie stört."

„Klar!" Einar hat seinen ersten Hot Dog schon verdrückt. „Soll er sich doch gleich mit unserer offiziellen Elfenbeauftragten zusammentun und für das kleine Volk ein neues Zuhause suchen."

Lilja fährt aufbrausend herum. „Willst du jetzt behaupten, dass es das kleine Volk auf Island gar nicht gibt?"

Bevor die beiden sich jetzt in einem sinnlosen Streit verzetteln, greife ich ein. „Wie bist du ihn denn wieder losgeworden?"

Lilja zuckt nur mit den Schultern und beißt ein so riesiges Stück ab, dass eine rot-gelbe Ketchup-Senf-Spur an Wangen und Kinn zurückbleibt.

Mir wird schlecht. Was, wenn Magnússon Lunte gerochen hat? Wenn er uns verfolgt oder verrät?

„Hast du ihm gesagt, wohin wir unterwegs sind?", will ich wissen.

„Das hat er doch sowieso schon wieder vergessen, bevor er den Schlüssel im Zündschloss umdreht", antwortet Lilja selbstsicher.

Ich fasse es nicht! Diese Plaudertasche!

„Wir reiten weiter als geplant", beschließe ich. „Ohne zusätzliche Übernachtung durch bis zum *Gullfoss*. An der Touristeninformation füllen wir alle Wasserflaschen auf. Und tränken die Pferde. Dann versuchen wir, wenigstens noch ein kleines Stück weiter Richtung Norden zu kommen. Bevor wir nicht hinter *Skógar* auf dem unbefestigten Hochlandweg sind, können sie uns ganz leicht finden. Und wir müssen unsere Eltern hinhalten. Also?"

„Also was?"

„Was sagen wir ihnen? Wir müssen uns was einfallen lassen."

Schweigen.

„Einar und ich schicken eine SMS an unsere Eltern: ‚Perla bekommt ausgerechnet jetzt ihr Fohlen. Können wir noch eine Nacht bleiben?' Und du, Lilja, schreibst an deine Eltern: ‚Élin hat Fieber bekommen und Árni und Birna können sich nicht um sie kümmern. Kann ich bis morgen bleiben?' Dann haben wir hoffentlich bis morgen früh Gnadenfrist."

Das klingt fast so, als ob ich schon tagelang einen Plan ausgeheckt hätte. Habe ich aber nicht. Ich bin selbst überrascht, wie schnell mir jetzt Notlügen einfallen. Wir müssen unsere Eltern abwimmeln, bis wir im Hochland sind. Dann sind wir nicht mehr einzuholen. Schon gar nicht mit Autos.

Einar und Lilja zücken ihre Handys wie Old Shatterhand seine Büchse und schießen die Nachrichten raus.

Ich schiebe meine Hand unter Afdrifs Mähne. Dorthin, wo es warm und weich ist. Wir sind erst den zweiten Tag unterwegs. Trotzdem wirkt er erschöpft, mein Wallach. Während Lilja und Einar schon die Packtaschen auf unseren Reit- und Handpferden festschnallen, schiebe ich Afdrif heimlich eine Hand voll Kraftfutter zu.

„Wie wär's mit Anpacken?"

Afdrif hat verstanden. Als ich ihm einen Klaps auf die Flanke gebe, zieht er zu seiner Herde ab.

Es ist gerade mal sieben Uhr. Wir haben unser Nachtlager abgebaut, der Himmel ist klar, und *Island aktuell online* berichtet jetzt, dass die Aschewolke immer noch Richtung Osten, also in die entgegengesetzte Richtung, zieht.

Ich schöpfe für einen Moment Hoffnung: Elfen-Spinner abgewehrt. Eltern erfolgreich angelogen. Gefahr vorübergehend gebannt. Eigentlich alles paletti!

Etwas Gutes hat die Ascheschleuder: Es sind kaum noch Menschen auf den Straßen unterwegs. Weder Isländer, noch Touristen. Selbst am Infocenter des *Gullfoss* sind wir die Einzigen. Ohne zu fragen stellen wir die Herde in den Paddock. Die Wasserbehälter sind noch voll, und wir versorgen die Pferde mit dem Kraftfutter aus unseren Packtaschen. Dann verschwinden wir im Gebäude.

„Hi!" Die Frau an der Kasse sieht mich erstaunt an. Ihre Begrüßung klingt wie eine Frage.

„Hallo."

Ich will vermeiden, dass sie mich in ein Gespräch verwickelt. Oder schlimmer noch, dass sie Fragen stellt. Mein Plan ist simpel. Solange sie die Pferde draußen nicht entdeckt, gebe ich mich als Touristin aus, die kein Wort versteht.

Im Bad lasse ich mir minutenlang heißes Wasser über die Hände laufen. Am Anfang ist der Schmerz kaum auszuhalten, dann werden meine Finger rot und fangen an zu kribbeln. Ich betrachte mein Gesicht im Spiegel. „Bist du eigentlich bescheuert?" Ich sehe müde aus. „Hast du dir das auch gut überlegt?" Schon jetzt ist die Haut in meinem Gesicht von der Kälte und dem Wind rot und trocken. „Das ist die letzte Chance zum Abbrechen ..." Wie ich dieses Teufelchen hasse, das immer wieder versucht, mir meine Ideen auszutreiben. Diesmal nicht! Jetzt geht es nicht um mich, sondern um Afdrif!

„Ich schaffe das ...", flüstere ich meinem Spiegelbild zu. „Ich schaffe das!", sage ich noch einmal, nur um sicherzugehen, dass ich es auch verstanden habe. Zum Glück bin ich die Einzige im Toilettenraum und niemand belauscht meine Selbstgespräche.

Notlügen

„Der *Gullfoss* ist das südliche Ende der Zivilisation. Ab jetzt wird es wild."

Einar kann so ätzend ehrlich sein.

„Was wir bis jetzt hinter uns haben, war noch gar nichts im Vergleich zu dem, was noch vor uns liegt. Im Oktober 1780 sind auf dem *Kjalvegur* fünf Reiter, ihre Pferde und 150 Schafe in einem Schneesturm umge..."

„Du bist so aufbauend wie ein Glas abgestandene Cola", quittiert Lilja.

Aber Einar wäre nicht Einar, wenn er sich von solchen Bemerkungen beirren oder etwa bremsen ließe.

„Was ich damit meine: Jetzt wird es ernst! Um nicht zu sagen: gefährlich!"

„Weißt du was? Lilja und ich schaffen das auch alleine!" Das platzt einfach aus mir heraus. Manchmal ist das so bei mir. Mein Mund

ist schneller als mein Hirn. Eigentlich meine ich nämlich genau das Gegenteil.

Noch bevor Einar antworten kann, kommt ein Allrad-Jeep mit Reifen so groß wie ich geradewegs auf uns zugefahren. Viel zu spät erkennen wir, wer am Steuer sitzt.

„Auf die Pferde, Gatter auf und los!", schreie ich panisch.

Magnússon kurbelt das Fenster runter und ruft uns etwas zu. Zum Glück hatten wir die Reitpferde nicht abgesattelt. Dieser Verrückte dreht sein Auto und versucht den Ausgang des Paddocks zu versperren. Im letzten Moment drängt sich Afdrif als Schlusslicht der Herde an Magnússon vorbei und galoppiert hinter uns her. Sobald wir die Straße verlassen, hat der Typ keine Chance uns zu folgen. Aber er hat uns gesehen. Er wird uns verpetzen, da bin ich sicher! Und wenn wir Pech haben, sind unsere Eltern schneller hier als die Vulkanasche.

Der Wind kommt uns so unbarmherzig entgegen, dass ich mich auf Káturs Hals lege, die Hände unter seiner Mähne. So karg und weiß, wie das Hochland sich gerade zeigt, kenne ich es noch nicht. Wie auch. Im Frühling war ich noch nie hier oben. Die Routen für Autos werden erst geöffnet, wenn der letzte Schnee getaut ist und die Bedingungen ungefährlich sind. Ich weiß aber, dass Einar das Hochland auch im Sommer so spannend findet wie ein Kaffeekränzchen mit der Nachbarschaft. Überall Geröll, Lavagestein, Flechten und Moose. Am Horizont die Berge und Gletscher. Mehr sieht Einar hier nicht. Auch nicht, wenn um ihn herum die Weideröschen und das Leimkraut blühen, die Moose an den Hängen in allen erdenklichen Grünschattierungen leuchten oder Wolken Schattenspiele auf die Täler zaubern, die mit dem nächsten Windstoß wieder verschwinden. „Hier wächst doch nichts, seit die Wikinger alles platt gemacht haben", ist sein Standardsatz. Stimmt, viel wächst hier nicht. Einen echten Wald haben wir abgesehen von den kläglichen Resten des subpolaren Birkenwaldes im Osten auch nicht mehr. Die Wikinger haben wirklich alle Bäume zum Hausbau und für Feuerholz abgehackt, und ihre Schafherden haben noch den Rest weggefressen. Und mit Aufforstung und Nachwachsen klappt es wegen des extremen Wetters auch nicht richtig. Die größte Wüste Europas ist so auf Island entstanden. Das glaubt keiner, der noch nicht hier war! „Wir leben auf einem Ungetüm, das im Inneren brodelnd kocht, außen hart und karg ist und sich zu allem Überfluss auch noch einen Gürtel aus aktiven Vulkanen um den Bauch geschnallt hat", behauptet Einar.

Mama sagt immer, Island sei genauso unberechenbar, bockig und dickköpfig wie ich. Man weiß nie, wann das nächste Erdbeben kommt oder welcher Vulkan ausbricht. Überall brodelt, dampft und zischt es. Das Erdinnere wütet, würgt kochenden Schlamm nach oben, spuckt glühende Lava, die wie eine gigantische Masse aus verkohltem Kuchenteig den Boden verklebt. Kein Wunder, dass die Menschen früher dachten, Vulkanausbrüche seien Zeichen für den Zorn der Götter. Unter uns, wo die zwei Kontinentalplatten aufeinandertreffen, brodelt eine gigantisch heiße Masse am Boden des Ozeans: der Erdmantelstrom. Ich stelle mir dieses Magma hervorstoßende Etwas so vor wie den Kessel einer megagigantischen Hexe. Wenn sie zuviel Zunder gibt, dann kocht die Suppe über. Nur ist der Erdsuppe egal, ob dann Höfe, Menschen oder Pferde im Weg sind.

Noch liegt Schnee auf den Bergen und in den Tälern. Aber gerade so wenig, dass wir auf der breiten Kiesstraße reiten können. Lilja und

Einar reiten vorneweg, ich bilde das Schlusslicht. Zwischen uns die Jungpferde mit Afdrif.
Seit wir das Hochland erreicht haben, ist er wie
ausgewechselt. Keine Spur von Erschöpfung.
Er ist voll und ganz in seinem Element. Afdrif
macht das, wozu er geboren wurde: Lange Strecken auf schwierigem Untergrund zurücklegen.

Als meine Vorfahren nach Island kamen, brach-
ten sie ihre Tiere mit. Nicht irgendwelche Tiere.
Nur die allerbesten. Und nur die, von denen sie
sich einfach nicht trennen konnten. Von ihnen
stammt Afdrif ab. Jetzt wechselt er vom Trab
in einen schnellen Tölt, bei dem seine Mähne
zu flattern beginnt. Mein Pferd ist so schön,
dass ich mich nicht an ihm sattsehen kann.
Hier oben, zwischen den anderen Jungpferden, mit dem Hochlandwind in der Mähne und
dem letzten Schnee des Frühlings unter seinen
Hufen, der sich im Hochland viel länger hält

als in den Ebenen, verschmilzt Afdrif mit der Umgebung. Hier ist er in seinem Element.

„Stop!" Einar reißt plötzlich den Arm in die Luft. Er stellt sich so in den Weg, dass die Herde nicht einfach an ihm vorbeilaufen kann.

„Was ist passiert?" Ich muss schreien, damit er mich gegen den Wind hört.

„Eine SMS. Mama fragt, ob Jóhann und Katrin Hilfe wegen des Fohlens brauchen. Sie will später noch kurz vorbeischauen."

„Verdammter Mist!" In meinem Kopf überschlagen sich die Gedanken. Wie können wir sie abwimmeln? Oder müssen wir das überhaupt noch? So leicht finden sie uns nicht. Selbst wenn Magnússon uns verpfeift.

„Sagen wir ihnen die Wahrheit", schlägt Einar vor.

„Die rasten aus, wenn sie hören, wo wir sind."

„Und wenn schon: Uns bleibt doch gar nichts anderes übrig. Spielen wir ab jetzt mit offenen Karten."

„Noch nicht! Sobald unsere Eltern wissen, was wir wirklich vorhaben, sind sie auf dem Weg zu uns. Da bin ich sicher."

„Wir müssen sie hinhalten, bis wir in der für Autos gesperrten Zone sind. Noch besser: Bis wir von der Straße aus nicht mehr sichtbar sind."

„Und wie soll das gehen?"

Ich merke, dass ich Lilja doch noch nicht wirklich überzeugt habe. Und Einar sagt gar nichts dazu.

„Du glaubst doch wohl nicht, dass wir sie so lange hinhalten können", hakt Lilja nach.

Nein, eigentlich glaube ich das nicht. „Versuchen wir es!", antworte ich trotzdem, und klinge dabei wieder viel entspannter, als ich es eigentlich bin.

„Fohlen ist da und gesund. Katrin und Jóhann melden sich, wenn sie Hilfe brauchen", schreibt Einar also.

Als die Antwort eintrifft, halte ich mal wieder die Luft an. So langsam wird mir ganz schwindelig vom ständigen Luftanhalten. „Alles klar. Hier gibt es auch mehr als genug zu tun. Bis morgen also. Passt auf euch auf! Kuss, Mama", liest Einar die prompte Antwort vor.

Im Geisterhaus

Island aktuell online, 15. April 2010
+++ Eyjafjallajökull *stößt aktuell weniger Asche aus* +++ *Wetteramt schätzt Höhe der Eruptionswolke auf 3000 bis 5000 Meter* +++ *Folgen des Ausbruchs: Regen verwandelt gefallene Asche in betonharte Schicht* +++ *Landwirte fürchten um Wiesen und Weiden* +++ *Pferde werden vielfach zu Verwandten oder Freunden in den Norden des Landes in Sicherheit gebracht* +++

Na also: Ich bin offensichtlich nicht die Einzige, die auf die Idee mit dem Pferde-in-den Norden-bringen kommt. Aber ganz sicher haben alle anderen es nicht nötig, dazu durch das eiskalte Hochland zu reiten.

Wir sind zwar vollkommen erschöpft, aber haben für die Nacht ein Dach über dem Kopf: die Berghütte von *Hvítárnes*. Ich bin so was

von froh, im Regen heute kein Zelt mehr aufbauen zu müssen. In der Hütte gibt es eine
Küche mit Gasofen und drei Schlafzimmer mit
Stockbetten. Sogar Holz für den Kanonenofen
liegt bereit. Im Küchenregal entdeckt Einar
Lebensmittel: Tütensuppen, Mais in der Dose,
Nudeln mit Käsesoße, Chips. Sogar eine Cola
und zwei Limobüchsen finde ich im Schrank.
Ich schätze, das haben Wanderer im letzten
Sommer hier hinterlassen. Laut Haltbarkeits-
datum ist alles noch okay. Selbst wenn es nicht
so wäre: Ich würde jetzt alles essen, was mir
ein bisschen Kraft zurückgibt. Aber zuerst
kommen die Pferde dran.

Während Lilja und ich die Herde an den
Fluss treiben, verzweifelt Einar fast bei dem
Versuch, mit dem Kunststoffseil eine Umzäunung für die Pferde zu bauen. Wir sind so elend
durchgefroren. Unsere Finger sind schon ganz
steif. Keiner will Nachtwache halten. Aber

irgendwie müssen wir verhindern, dass sich die Herde über Nacht verteilt.

Der frisch gefallene Schnee begräbt die Ebene unter sich. Ich beobachte Afdrif. Er scharrt mit den Hufen unter der dünnen Schicht nach trockenem Gras, Moosen und Flechten. Was soll er auch sonst fressen?

„Das ist schon okay. Mal ein paar Tage weniger Futter als sonst verkraften sie. Also mach dich nicht verrückt.“

Kann Lilja Gedanken lesen? Es stimmt, ich habe ein echt schlechtes Gewissen. Auch wenn früher alle Pferde den Winter über auf sich allein gestellt waren. Wie soll ich Afdrif und den anderen Pferden klarmachen, dass sie ein paar Tage hungern müssen, damit wir sie in Sicherheit bringen können?

Im *Hvítárvatn*, dem See des weißen Flusses, treiben kleine Eisberge in unsere Richtung. Der Gletscher *Skriðufell* kalbt auf der anderen

Uferseite in den See. Vor dieser gigantischen Kulisse sehen die Pferde mit ihren verschiedenen Fellfarben, den wehenden Mähnen und dem zotteligen Winterpelz fast schon kitschig aus. Wie auf einem Gemälde. Das ist aber kein Gemälde. Das ist die Realität. Einars Fluchen erinnert mich daran.

„Das ist ja wohl ein Witz. Wie soll ich aus einem Seil und ohne brauchbare Pfosten einen halbwegs stabilen Paddock bauen?"

Meinem Hirn entspringen gerade keine brauchbaren Gedanken mehr. Mein Po tut einfach weh nach acht Stunden im Sattel. Meine Jacke und die Hose sind so komplett durchgeweicht, dass ich die nasse Kälte auf meiner Haut spüre. Mein Magen rebelliert. Laut und deutlich.

„Soll das heißen, wir müssen Nachtwache halten?", stöhnt Lilja.

„Quatsch. Ich erledige das."

Keine Ahnung, aus welcher Unterkammer meines Dachstübchens mir jetzt die rettende Idee entspringen soll. Trotzdem schnappe ich mir das Seil und stapfe zur Hütte zurück. Unter Druck mit einer genialen Lösung aufwarten, ist nicht meine Stärke. Ich fühle mich so, als hätte ich genau drei Sekunden Zeit, um herauszufinden, wie ich einen Elefanten durch ein Nadelöhr zwingen kann. Dann, als Lilja mit blauen Lippen auf mich zugelaufen kommt, fällt mein Blick auf einen massiven Holztisch neben der Hütte.

„Bringt die Pferde schon mal hoch", rufe ich Lilja entgegen. Sie fragt nicht einmal mehr, was ich vorhabe, sondern treibt mit Einar die Herde vom Fluss zur Hütte.

Das eine Seilende befestige ich am Giebel. Dann binde ich das andere an dem schweren Holztisch fest, so dass sich zwischen Hütte und Tisch das Seil entspannt. Ich weiß selbst, dass meine Lösung nicht sonderlich glorreich ist. Trotzdem muss das Seil jetzt zum Anbinden herhalten. Einar, Lilja und ich lösen die Stricke, die wir allen Pferden als losen Ring um den Hals gebunden haben, befestigen sie an den Halftern und binden ein Pferd nach dem anderen fest. Der geschnitzte Giebelbalken der Hütte ist kein ernstzunehmendes Hindernis. Wenn auch nur ein Pferd in Panik gerät, reißt die Herde ohne Probleme alles ein. Aber eine bessere Idee kommt keinem von uns.

Als der nächste Regenguss kommt, rennen wir so schnell wie möglich in die Hütte, bis auf die Knochen durchgeweicht. Die nassen Klamotten breiten wir zum Trocknen auf den Bänken aus. Ich schlüpfe in meine trockene Jogginghose und halte meine eiskalten Hände über den Ofen.

Das Feuer darin knistert laut, und hinter der staubigen Ofenscheibe wirbeln Funken.

Lilja und Einar kochen die Nudeln mit Käsesoße aus dem Regal.

„Ich habe über die weitere Route nachgedacht." Mein Mund ist so voll, dass ich mich frage, ob Lilja und Einar mich überhaupt verstehen. Aber ich kann nicht länger abwarten, meinen Plan zu erklären.

„Ich weiß, dass die offizielle Straße viel breiter und ebener ist. Aber der *Kjalvegur* weiter westlich hat zwei Vorteile: Wir werden nicht so schnell entdeckt, falls unsere Eltern einen Suchtrupp losschicken. Und außerdem finden die Pferde mehr Futter, je näher wir am *Langjökull* entlangreiten."

„Woher willst du das wissen?", fragt Lilja spitz.

„Weil der *Kjalvegur* genau aus diesem Grund schon seit dem 10. Jahrhundert als die beste Verbindung zwischen dem Norden und dem Süden genutzt wird."

„Doch, Lilja, Élin hat wirklich Recht. Als 930 in Þingvellir das erste isländische Parlament gegründet wurde, sind Isländer aus dem ganzen Land zu der Versammlungsstätte geritten. Auch über den *Kjalvegur*", mischt Einar sich jetzt ein.

„Aber nie im Leben im Frühling", kontert Lilja.

„Die Pferde benötigen mehr Futter. Sonst schaffen sie das letzte Stück nicht mehr."

„Aber bei den aktuellen Wetterbedingungen ist es für die Pferde auf dem alten Reitweg zu gefährlich." Da kommt die alte Lilja zum Vorschein. „Was machen wir denn, wenn sich ein Pferd verletzt?"

„Islandpferde sind für solches Gelände geboren. Die wissen schon, wie sie den *Kjalvegur* laufen müssen", entgegne ich.

Einar kommt zurück mit der eingestaubten Tüte Chips aus dem Regal. Den Rücken an die

Bank gelehnt, die Beine weit von sich gestreckt, setzt er sich vor den Ofen.

„Habt ihr eigentlich schon die Überreste des alten Bauernhofs hinter der Berghütte entdeckt?"

„Wieso?", fragt Lilja.

„Na ja, weil ich euch nur vor dem Geist des *Hvítárvatn* warnen will."

Hier in der Berghütte bei Kerzenlicht und Feuerschein bin ich nicht gerade scharf auf alte Gruselgeschichten. Einar ist das egal.

„An dieser Stelle stand ganz früher mal ein Bauernhof. Als der Vulkan *Hekla* 1104 ausbrach, wurde der Hof vom Ascheregen völlig zerstört. Jahrhundertelang war dieser Ort hier am *Hvítárnes* dann unbewohnt. Bis 1930 die jetzige Berghütte gebaut wurde." Einar legt Brennholz nach, lehnt sich wieder zurück und setzt nochmal an: „Dummerweise haben die Erbauer der Hütte sich mit der Platzwahl ziemlich vertan.

Die Hütte steht nämlich genau auf dem Weg, der früher vom Hof zum Gletschersee *Hvítárvatn* geführt hat."

„Und?", drängelt Lilja.

„Das war ein schwerer Fehler."

Im Ofen fällt ein glühender Scheit Holz knackend in sich zusammen. Funken fliegen auf. Für einen Moment ist es heller im Raum. Ich sehe Liljas angespanntes Gesicht.

„Immer, wenn sich jetzt der Geist der Bäuerin mit den zwei Eimern auf den Weg zum Wasserholen macht, führt ihr Weg zwangsläufig durch diese Hütte und durch ein ganz bestimmtes Bett."

„Welches Bett?" Liljas Stimme zittert.

„Wenn ihr also in der Nacht merkwürdige Geräusche hört, ..."

Liljas Kehle entfährt ein eigenartiges, schluchzendes Geräusch.

„Mann Einar, jetzt halt schon den Mund!"

Typisch Einar, so sensibel wie ein Betonklotz.

„Ich gehe jetzt trotzdem schlafen", verkünde ich. Das wird eine ruhige Nacht. Da bin ich mir sicher. Soll Einar sich doch mit der alten *Hvítárvatn*-Bäuerin rumschlagen. Ich bin so kaputt, dass mich kein polternder Geist wecken wird.

Die Matratzen im Dachgeschoss sind klamm und kalt. Kein Wunder, schließlich wurde hier eine ganze Weile nicht geheizt.

Lilja breitet ihren Schlafsack direkt neben mir aus. Im Schein der Taschenlampe schaue ich mir die Landkarte an. Wir haben es wirklich geschafft: Wir haben die Zivilisation hinter uns gelassen, haben das Hochland erreicht und sind kurz davor, die Pferde in Sicherheit zu bringen. Wahnsinn! Hätte mir das jemand vor einem Monat gesagt, dann hätte ich demjenigen einen Vogel gezeigt. Aber jetzt liege ich hier, in einer Hütte im Hochland, neben mir meine beste Freundin Lilja, vor der Hütte mein Pferd Afdrif. Unten höre ich Einar poltern. Mein Bruder Einar, der eigentlich nichts lieber will, als endlich in der Hauptstadt *Reykjavik* leben, weit weg von Pferden, Schafen, Mist und Matsch. Aber jetzt ist er hier, um mir und den Pferden zu helfen. Freiwillig! Und das alles, während der *Eyjafjallajökull* Island in Panik versetzt und mittlerweile auch ganz Europa durcheinanderbringt. Nur uns drei für einen kleinen Moment nicht.

Für die Nacht fühle ich mich hier, solange ich nicht an die Geister denke, in Sicherheit. Obwohl ich ganz genau weiß, dass wir auf dieser Tour alles andere als sicher sind. Der Wind muss nur drehen und die Asche in den Nordwesten treiben, dann bekommen wir ein gewaltiges Problem.

Aber jetzt ist alles gut. Ich friere inzwischen nicht mehr, habe etwas Warmes im Bauch und liege in einem richtigen Bett mit dichtem Dach über dem Kopf. Alle Zweifel, ob wir es schaffen können, die Pferde in Sicherheit zu bringen, fallen von mir ab. Warum eigentlich sollte ich das nicht schaffen? Wir haben Magnússon abgehängt und sind im Hochland angekommen, bevor unsere Eltern uns einholen konnten. Alles unter Kontrolle also! Ich fühle mich wie am Abend vor Weihnachten. Mit kribbelnden Hummeln im Bauch. Am liebsten würde ich den Moment für immer festhalten, in eine Tüte packen, sicher aufbewahren und immer dann rausholen, wenn ich mal das Gefühl habe, etwas nicht zu schaffen.

An der Angel

Ich höre Schritte. Und knarrenden Holzboden. Irgendwer schleicht durchs Haus!

Es ist so dunkel, dass ich die eigene Hand vor Augen nicht sehe. Soll ich die Taschenlampe anknipsen? Nach Lilja und Einar rufen? Vorsichtig schiebe ich meine Hand über die Matratze in Liljas Richtung. So weit, bis ich an ihrem Schlafsack bin. Sie ist im Bett. Einar hat sich am Abend auf die andere Seite von Lilja gelegt. Langsam gewöhnen sich meine Augen an das Dunkel der Nacht. Sein Schlafsack liegt da, aber ich kann nicht sehen, ob Einar darin liegt oder nicht.

Im unteren Stockwerk der Hütte knarzt eine Tür. Nur ganz leise. So, als ob jemand versuchen würde, sie so geräuschlos wie möglich zu öffnen. Mich beschleicht ein schrecklicher Gedanke: Das ist die *Hvítárvatn*-Bäuerin!

Soll ich Lilja wecken? Ich liege im Bett und versuche, ruhig zu bleiben. Je länger ich lausche, umso mehr ärgere ich mich über mich selbst. „Mensch, Élin, reiss dich gefälligst zusammen. Seit wann glaubst du an Geister?", führe ich lautlose Selbstgespräche. Und ich gehe alle Gründe durch, warum es gar keine Geister geben kann: Wenn es sie gäbe, dann hätte ich sie schon viel früher gesehen. Tiere nehmen jede kleine Veränderung um sich herum wahr. Die Pferde sind aber mucksmäuschenstill. Und: Geister sind immateriell. Deshalb können sie beim Laufen gar keine knarrenden Geräusche machen. Und: Ich bin zwölf. Es ist lächerlich, mit zwölf Angst vor dem angeblichen Geist einer Bäuerin zu haben.

Als im Erdgeschoss eine Tür leise aber deutlich wahrnehmbar ins Schloss fällt, zucke ich trotzdem zusammen. Dann wird mir klar: Wer oder was auch immer mich gerade erschreckt hat, ist nicht mehr im Haus. Um sicherzugehen, zähle ich langsam bis fünfzig. Nichts mehr. Kein Geräusch, keine Bewegung. Ich schleiche zum Fenster. Tatsächlich: In der Dämmerung sehe ich jemanden zum *Hvítárvatn* laufen. Von wegen Geist! Das ist eindeutig Einar! Vom Fenster aus beobachte ich meinen Bruder, wie er ans Seeufer läuft und die Angel auswirft. Wo um alles in der Welt hat er die her? Und seit wann angelt Einar? Er hat doch nicht den geringsten Schimmer, was er machen muss, wenn tatsächlich ein Fisch anbeißt.

Ohne Lilja zu wecken, verschwinde ich nach unten und schlüpfe in meine Wintermontur. Es ist so kalt, dass ich zu zittern beginne. Wenigstens sind Jacke, Schuhe und Hose über Nacht getrocknet.

Die Pferde dösen noch. Trotzdem gehe ich nicht an Afdrif vorbei, ohne ihn zu begrüßen. Er bläht seine Nüstern, wuschelt mit seinem weichen Maul in meinen Haaren und pustet mir seinen warmen Atem ins Gesicht. Dann legt er seinen Kopf auf meine Schulter und lässt sich kraulen, mit halb geschlossenen Augen. Ich bleibe so lange bei Afdrif stehen, bis ich das Gewicht seines Kopfes auf meiner Schulter nicht mehr halten kann. Außerdem will ich mit eigenen Augen sehen, wie Einar sich beim Angeln anstellt.

Kátur bewegt sich keinen Millimeter, als ich die Zügel aufnehme und mich ohne Sattel auf seinen Rücken schwinge. Erst, als ich mit der Zunge schnalze, töltet er los. Ich liebe es, so früh am Morgen wach zu sein. Es fühlt sich an, als ob die Welt in diesem Moment mir ganz allein gehören würde.

Einar ist so mit der Angel beschäftigt, dass er mich erst bemerkt, als ich quasi neben ihm stehe. Er zuckt richtig zusammen.

„Spinnst du, mich so zu erschrecken?"

„Erschrecken? Soll ich dir mal sagen, wer hier wen erschreckt hat?" Ich erzähle Einar, dass ich ihn für einen winzigen Moment für den *Hvítárvatn*-Geist gehalten habe. Genau da zerrt es an der Angelschnur.

„Kurbeln!", kommandiere ich.

Er reagiert nicht.

„Hol die Schnur ein. Da hat was angebissen", versuche ich es nochmal.

Während Einar wohl überlegt, wie er das jetzt machen soll, rattert ununterbrochen Schnur von der Spule. Er steht immer noch wie festgewachsen völlig reglos da. Ich drücke ihm Káturs Zügel in die freie Hand und schnappe mir die Angel. Es dauert eine ganze Weile, bis ich den Zug des Fisches wieder an der Schnur spüre. Schließlich sind erstmal einige Meter aufzuspulen. Die Angel biegt sich gewaltig, als ich unseren zappelnden Fisch endlich aus dem Wasser ziehe.

„Ein Saibling. Familie der Lachsfische. Typisch salmonide Fettflosse auf der Seite."

Hält Einar mir jetzt allen Ernstes einen Vortrag?

„Ist ja auch sein klassisches Habitat hier. Kaltes, klares Süßwasser."

Ja, er hält mir einen Vortrag!

„Und jetzt? Was machen wir mit dem Fisch?"

Das Tier liegt vor uns auf dem Geröllboden. Zappelt. Schlägt mit der Schwanzflosse wild um sich.

„Du hattest die Idee zu angeln. Jetzt tu was!", fahre ich Einar an.

Er hebt beide Hände in die Luft und tritt einen Schritt zurück.

Ich habe in meinem ganzen Leben noch kein Tier getötet. Aber zwei Dinge sind klar: Wir können den Fisch nicht länger an der Angel zappeln lassen. Und: Auf Einars Hilfe brauche ich nicht zu warten.

Also knie ich mich so hin, dass ich den Fang sicher halten kann, mit dem Maul nach oben. Obwohl ich vor Kälte und Feuchtigkeit meine Finger kaum noch spüre, nehme ich den Haken fest zwischen Daumen und Zeigefinger und schiebe ihn entgegen der Eindringrichtung zurück. Es geht viel einfacher, als ich dachte. Der Haken lässt sich leicht lösen, und der Saibling gleitet sanft in das eiskalte Wasser zurück. Erst ist er bewegungslos, dann schlägt er mit der Schwanzflosse, und die stromlinienförmige Bewegung setzt sich durch den ganzen Körper fort. Ich starre so lange auf das Wasser, bis ich den Saibling nicht mehr sehe.

Einar sagt kein Wort. Stattdessen ist er mit seinem iPhone beschäftigt und hält es mir unter die Nase. Die neuesten Online-Nachrichten: „Der Wind dreht. Die Asche treibt jetzt doch in Richtung Westen. Vielleicht sogar in den Nordwesten."

Einars Stimme ist fast tonlos.

Der Countdown läuft. Unbarmherzig. Ich kann nur hoffen, dass wir schneller bei Bjarki sind als die Asche.

Unter Druck

Jetzt geht es rund. Und zwar richtig. Der Wetterdienst bestätigt, dass die Asche Richtung Nordwesten zieht. Vielleicht holt sie uns schon in wenigen Stunden ein. Mitten im Hochland, ohne genug Futter für die Pferde, ohne Unterschlupf!

Ich fühle mich wie ein Dampfkochtopf, der gleich an die Decke geht. Und wenn ich könnte, würde ich die Pferde antreiben, so schnell wie möglich voranzukommen. Aber bei dem unebenen Weg und mit dem Gepäck, das zumindest die Reit- und Packpferde schleppen müssen, ist das unmöglich. Ich gerate innerlich in Panik.

Einar liest uns die letzte Meldung vom *Almannavarnir*, dem isländischen Zivilschutz, laut und deutlich vor: „Folgende Sicherheitsvorkehrungen sind unbedingt einzuhalten: pro Haushalt ist anzuschaffen bzw. auf Voll-

ständigkeit zu überprüfen, bevor es zu Asche-
niederschlägen kommt: Staubmasken und
Augenschutz - Trinkwasser für mindestens 72
Stunden (3-4 Liter pro Person und Tag) - nicht
verderbliche Nahrungsmittel für mindestens
72 Stunden pro Person und Tier - Plastikfo-
lie, um elektronische Geräte vor der Asche zu
schützen - ein batteriebetriebenes Radio und
Batterien - ausreichend Feuerholz, Decken und
warme Kleidung - notwendige Medikamente -
Erste-Hilfe-Kasten - Reinigungsgerätschaften
zum Entfernen der Asche (Besen, Staubsauger,
Schaufel) - Bargeld, da Geldautomaten außer
Betrieb sein können. Und für unvermeidbare
Autofahrten muss ebenfalls für alle Passagiere
eine entsprechende Notausrüstung im Wagen
mitgeführt werden."

„Und was hilft uns das, Einar? Was haben
wir von all dem? Gar nichts, überhaupt gar
nichts!"

„Und jetzt?" Lilja zittert.

Ich bin nicht sicher, ob es an der Kälte oder an der Meldung oder an unserer ganzen Situation liegt.

„Umkehren kommt einfach nicht mehr in Frage. Wenn der Wind tatsächlich dreht, dann sind wir am sichersten, je weiter wir uns bereits im Norden aufhalten", erkläre ich.

„Élin hat Recht. Wir haben ja die Hälfte schon geschafft. Es wäre unlogisch, jetzt umzudrehen und der Asche auch noch entgegenzureiten. Außerdem ..." Einar schaut bedrückt auf den Boden.

„Was?"

„Außerdem ist über unseren Gehöften tatsächlich Asche gefallen."

Lilja wird kreidebleich. „Wie schlimm ist es?"

„Es ist nur eine dünne Schicht, aber das ist schon schlimm genug."

Ich denke an Mama und Papa und daran, wie hart sie jetzt schuften müssen. Und zugleich denke ich, dass es also doch richtig war, die Jungpferde in Sicherheit zu bringen!

Lilja starrt uns an.

„Tut mir leid, Lilja, dass ich dich in diesen Schlamassel reingezogen habe!", sage ich laut und deutlich.

„Hast du ja nicht, das war ich schon selbst. Und im Übrigen weiß ich, dass es jetzt keinen Weg zurück mehr gibt. Okay, passt auf: Einar, du packst unseren Kram zusammen. Élin und ich machen die Pferde startklar. Wir reiten weiter: zügig und wie geplant Richtung Norden", bestimmt Lilja.

Ich könnte sie knutschen! Manchmal ist sie echt zu gebrauchen, selbst bei harten Dingen! Wenn Einar bisher nicht schon ausreichend beeindruckt war von Lilja, dann ist er es spätestens jetzt. Lilja ist einfach die Beste!

Wir entscheiden uns also weiter für den *Kjalvegur hinn forni*, den alten Reitweg, der dicht am Gletscher *Langjökull* entlangführt - vierzig Kilometer vom *Hvítárvatn* bis in das Geothermalgebiet *Hveravellir* mit Blick auf Lavafelder und Gletscher. Eigentlich entscheide ich mich dafür, weil ich für Autos so unerreichbar wie möglich sein will. Aber es gibt noch einen anderen Grund, und der leuchtet auch Lilja und Einar ein. Der alte Reitweg verlief schon immer westlich der heutigen offiziellen Straße und näher am *Langjökull*, weil dort wenigstens ein bisschen Gras wächst. Auf diesen Trichter kamen schon die ersten Siedler, damit ihre Pferde und Schafe unterwegs genug Futter finden konnten. Nur waren die nicht im Frühling bei Schnee und mit einem brodelnden Vulkan im Nacken unterwegs.

Die nächste Etappe verbringen wir also im *Kjölur*-Tal, das wie eine saure Gurke in einem

Burger zwischen den riesigen Eismassen der Gletscher *Langjökull* und *Hofsjökull* liegt. Wenn die Temperaturen über den Gefrierpunkt steigen und der Schnee auf den Vulkanen und Tafelbergen zu schmilzen beginnt, verwandeln sich die Täler in ein Geflecht aus Flüssen. Würde ich dann wie ein Vogel von oben in die Ebene blicken, sähe die Landschaft aus wie von Adern durchzogen. Seit vor 1100 Jahren die Wikinger aus Norwegen Island erreichten und ihre Pferde mitbrachten, führt ein Reitweg durch das *Kjölur*. Er verbindet den Norden mit dem Süden - und endet nicht allzu weit von *Reykjavik* in *Þingvellir*, dem Ort des ältesten Parlamentes der Welt am See *Þingvallavatn* im Südosten Islands. Bei uns führen nicht alle Wege nach Rom, sondern alle Reitwege nach *Þingvellir*. Einmal im Jahr trafen hier unsere Ahnen zur Volksversammlung ein. Meistens im Juni und für zwei Wochen. Und wie sonst als auf dem Rücken ihrer zähen Pferde hätten sie hierher kommen sollen?

Ich beruhige mich irgendwann, vielleicht durch den gleichmäßigen Schritt der Pferde, und während wir über die endlose Weite des Hochlandes reiten, driften meine Gedanken immer mal wieder weit ab. Ich denke über Einar und mich nach. Wenn er sich auf *Einarstaðir* fühlt wie ein Fisch an Land, dann fühle ich mich in *Reykjavik* wie eine Höhenkranke im Riesenrad. Auch wenn in der Hauptstadt nur 120.000 Menschen wohnen, ist mir der Trubel zu groß: Geschäfte und Cafés reihen sich an Hotels, Museen und Konzerthallen. Im Sommer ist die Stadt von Touristen überflutet, die von hier aus aufbrechen zu den Sehenswürdigkeiten unserer Insel. Die meisten kommen gar nicht ins Hochland, weil sie sich nur für die berühmte Touristenroute *Golden Circle* interessieren. Stop in *Þingvellir*. Kamera raus. Klick, klick, klick. Weiter. Nächster Halt: einer der beiden bekanntesten *Geysire*. Mit gezückter Kamera warten auf die Eruption der Wasserfontäne, dann weiter zum *Gullfoss*, dem goldenen Wasserfall. Er heißt so, weil bei Abendsonne die Gischt golden schimmert. Nordwestlich von uns liegt meine Lieblingsstadt, *Akureyri* am Ende des Fjordes *Eyjafjördur*. Einar findet, dass *Akureyri* nicht als Stadt bezeichnet werden kann, weil hier nur 18.000 Menschen leben. Ich liebe die schönen alten Häuser dort, die Berge, die Fjorde, den See *Myvatn*. In südöstliche Richtung von hier aus ist es völlig anders: Der riesige Eispanzer des *Vatnajökull*, des größten, isländischen Gletschers gibt dort den Ton an. Und im Süden thront es, das Vulkanmonster: der *Eyjafjalla-jökull*!

Schwarze Nacht

Almannavarnir online, 16. April 2010
+++ *Vulkanasche in der Umgebung des Vulkanschlotes des* Eyjafjallajökull *kann zu Reizungen und Wundsein im Hals führen. Personen, die unter Asthma oder anderen Atemwegserkrankungen leiden, sollen die üblichen Vorsichtsmaßnahmen ergreifen.*
Der Geophysiker Freysteinn Sigmundsson warnt zudem vor dem deutlich erhöhten Fluoridgehalt der Asche und rät dringend, die betroffenen Gebiete zu meiden und dort geschlossene Räume nur wenn unvermeidlich zu verlassen. Im Freien unbedingt Augen, Ohren, Mund und Nase schützen.
+++

Die Pferde sind nervös. Sie haben überaus feine Antennen, und die sind gerade auf Sendung. Im heutigen Programm läuft: Gefahr aus Südosten.

Giftige Asche im Anflug. Und: Offensichtliche Anspannung bei den menschlichen Anführern der Herde.

Der Wind ist eiskalt und erbarmungslos. Ich lehne mich so weit nach vorne, dass ich wie schon so oft bei diesem Extremritt meine durchgefrorenen Hände unter Káturs Mähne schieben kann. Seine feuchte Körperwärme bewahrt mich davor, in Verzweiflungstränen auszubrechen. Mir ist jetzt eigentlich nur noch nach Heulen zumute. Ich bin hundemüde. Ich habe Angst. Ich friere erbärmlich. Ich will nach Hause. Aber den *Eyjafjallajökull* interessiert das alles herzlich wenig. Und vor mir läuft mein Afdrif. Was bleibt mir also anderes übrig als weiter durchzuhalten: Versprochen ist versprochen.

„Du weißt, dass ich nichts davon halte, auf dem alten Reitweg zu bleiben. Wir können uns verdammt leicht verfransen."

Lilja reitet heute als Schlusslicht neben mir, Einar führt die Herde an.

„Es liegt doch kaum noch Schnee. Außerdem ist der Weg gut markiert durch die aufgestapelten Steine am Wegrand."

Woher ich, zumindest nach außen, diese Zuversicht nehme? Keine Ahnung! Lilja jedenfalls sagt dazu nichts mehr.

„Wenn wir uns ranhalten, dann sind wir am Abend in den heißen Quellen von *Hveravellir*. Dann hätten wir den härtesten Teil geschafft, und die Pferde wären fast in Sicherheit."

Ich schließe einen Deal mit dem Schicksal: Wenn wir es tatsächlich schaffen, Afdrif, die anderen Pferde und uns selbst in Sicherheit zu bringen, dann werde ich Einar nie mehr ein schlechtes Gewissen einreden, dass er *Einarstaðir* verlassen will. Und ich werde nie wieder über Liljas Geschmacksverirrungen schimpfen. Und ich werde Mama und Papa nie wieder anlügen. Versprochen! Reicht das überhaupt? Ein Deal mit dem Schicksal, das ist ja ohnehin albern, ich weiß. Trotzdem hoffe ich, dass es funktioniert.

Meine Gedankenspiele enden schnell wieder. Es ist fast so, als müssten wir uns heute auf die lebensnotwendigen Funktionen beschränken. Atmen, essen, trinken, reiten.

Der Eiswind ist so unbarmherzig, dass wir trotz aller Klamotten in den Sätteln zu Frostskulpturen erstarren. Die Pferde kämpfen sich tapfer voran. Ich frage mich, was in ihren Köpfen vorgeht.

In den kurzen Pausen, die wir einlegen, knabbern Einar, Lilja und ich lustlos und wortkarg an den letzten Resten unseres Trockenfischs und schieben ein paar hartgefrorene Stücke *Kleinur* hinterher. Eigentlich liebe ich dieses süße Gebäck, aber hier und jetzt ... Selbst das Trinken wird zu einer echten Qual.

Das Wasser ist so eiskalt, dass es im Mund und an den Zähnen weh tut und sogar im Magen noch als Eisbrühe ankommt. Ich fühle mich wie in einem Gefrierschrank mit Ventilator. Nur, dass man hier nicht den Stecker ziehen kann, um den Wind abzuschalten.

Entlang karger Hügel und eines grautrüben Flusses schlängelt sich der Reitweg bis nach *Þverbrekknamúli*. Wir lassen die Pferde eine Stunde lang unter der Puderzucker-Schneeschicht nach Gräsern und Moosen suchen. Viel zu wenig. Aber es muss einfach weitergehen. Es ist eigentlich nur eine Frage der Zeit, bis die Herde so entkräftet ist, dass sie nicht mehr weiterlaufen kann. Was um alles in der Welt habe ich mir bei dieser Aktion gedacht? Wie lange halten die Pferde noch durch? Ein paar Stunden? Einen Tag?

Aus meinen Sorgengedanken, was alles passieren könnte, wenn die Aschewolke uns einholt, werde ich abrupt herausgerissen: Vor mir geraten die Pferde plötzlich in Panik. Keine Ahnung warum. Sie beginnen zu rennen, sind nicht mehr zu halten. Auch unsere Reitpferde nicht. Sie flüchten völlig kopflos in verschiedene Himmelsrichtungen.

„Verdammt! Élin, wie konnte das passieren?" Einar wirft mir vorwurfsvolle Blicke zu, als er sein zitterndes Pferd neben Lilja und mir zum Stehen bringt. „Es ist deine Aufgabe, die Herde zusammenzuhalten! Hast du dein Hirn am *Hvítárvatn* zurückgelassen?"

Typisch, dass Einar nur mir Vorwürfe macht, obwohl auch Lilja als Schlusslicht auf die Herde aufpassen sollte. Aber darüber kann ich jetzt nicht weiter nachdenken.

„Los, wir müssen uns aufteilen und die Pferde wieder zusammentreiben."

Ohne weitere Absprachen, aber wie auf Kommando preschen wir drei los.

Warum, warum, warum? Wir haben doch fast alle Hürden genommen, bald alle Gefahren überstanden und unsere Verfolger abgehängt. Alle außer einen natürlich: den *Eyjafjallajökull*.

Kalter Regen peitscht mir ins Gesicht. Kátur gibt sich alle Mühe, den Abstand zwischen sich und den anderen Pferden nicht größer werden zu lassen. Er ist so schnell, dass wir zwei der Jungpferde fast erreicht haben. Nur noch wenige Meter …

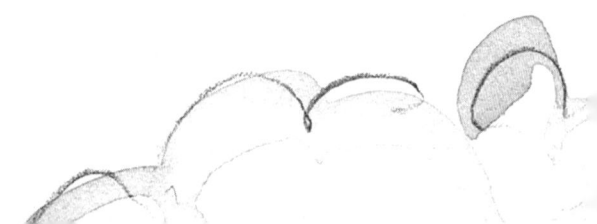

Der Traum

Ich sitze auf Afdrifs Rücken. Ohne Sattel und ohne Trense. Mit den Händen einen Büschel seiner Mähne umklammernd, tölte ich mit ihm durch das Hochland. Ein Tal, das ich nicht kenne, links und rechts zwei Bergketten, an deren Flanken Rinnsale voller Schmelzwasser hinabstürzen, die sich am Boden zu reißenden Flüssen zusammenschließen. Afdrif töltet so schnell, dass ich Angst habe, mit ihm zu stürzen. Ist er in Panik? Ich drehe mich um und sehe eine riesige, dunkle Wolke, die uns verfolgt. Ständig verändert sie ihre Form, wie eine wabbelige Masse, die sich durch ein enges Kanalrohr quetschen will. Afdrif beginnt zu galoppieren, fällt dann in panisches Rennen. Ich höre an Afdrifs Atem, dass er eigentlich eine Pause braucht. Statt anzuhalten, wird er immer rasender. Ich riskiere wieder einen

Blick nach hinten, über meine Schulter. Die graue Masse, die schon längst nicht mehr wie eine Wolke aussieht, türmt sich auf und öffnet ihren Schlund. Ein ekliges Maul ohne Zähne, aber so tief und schwarz, dass ich mir sicher bin: Daraus gibt es kein Entkommen. Meine Augen tasten die Landschaft ab nach einer Möglichkeit, mein Pferd und mich zu verstecken. Eine ehemalige Schäferhöhle vielleicht? Aber ich finde nichts, keinen Unterschlupf, nur kahle Schotterhalden. Die Bergketten rechts und links von uns laufen vor uns zu einer engen Schlucht zusammen, durch die wir preschen. Gerade so breit, dass ich nicht mit meinen Stiefeln an der Wand hängenbleibe. Afdrif stolpert, ich kralle mich in seine Mähne, rutsche auf seinen Hals. Aber im letzten Moment, bevor ich vollends die Kontrolle verliere, richtet sich mein Pferd so auf, dass ich wieder Halt auf seinem Rücken finde. Ich will ihn weiter

antreiben, denn die graue Masse ist jetzt so nah, dass ich sie sogar riechen kann. Vor uns verbinden sich jetzt die beiden Bergketten zu einer einzigen Linie. Ohne Ausweg. Afdrif steigt, dreht sich um und will in die andere Richtung entkommen, aber die graue Masse drückt sich jetzt vor uns in die Schlucht und öffnet ihren Schlund ...

Obwohl es so kalt ist, dass sich an den Fenstern der Hütte Eiskristalle bilden, schrecke ich Schweiß gebadet auf. Es ist stockdunkel. Mein erster Gedanke: Sie hat mich geschluckt. Ich sitze im Schlund der grauen Riesenwolke fest. Dann realisiere ich, dass ich unter einem Schlafsack liege. Und dann höre ich das schönste Geräusch der Welt: Liljas Atem neben mir. Ich bin nicht alleine. Mein Kopf ist von einem hämmernden Schmerz erfüllt, aber ich bin einfach nur froh, meinem Alptraum entkommen zu sein. So fest ich kann, drücke ich Liljas Hand. Ich glaube nicht, dass sie schon geschlafen hat, denn sie sitzt neben mir.

„Einar, Élin ist wach!" Lilja rüttelt meinen Bruder.

„Wie geht es dir?" Lilja beugt sich über mich und wischt mit einem kalten Lappen über meine Stirn.

„Was ist passiert?" Ich versuche mich hinzusetzen, aber mein Kopf dröhnt, als hätte ich mich mit einem Betonblock duelliert.

„Du bist gestürzt, als wir versucht haben die Herde ..."

„Was ist mit den Pferden? Wie geht es Afdrif?", falle ich Lilja ins Wort.

„Denen geht es gut. Jetzt vergiss doch die Pferde mal einen Moment", fährt Einar mich an.

„Und ist mit euch beiden alles in Ordnung?", hake ich nach.

Lilja und Einar schauen sich an und nicken. Ich bin so erleichtert und so müde, und mein Kopf tut so weh, dass ich meine Tränen einfach nicht unterdrücken kann.

„Komm schon, Élin. Wenn du weiter heulst, dann bist du morgen so verquollen, dass ich mich auf keinen Fall in der Öffentlichkeit mit dir blicken lassen kann", versucht Lilja mich aufzumuntern. Und es klappt tatsächlich! Ich muss lachen.

„Übrigens hast du echt was verpasst, Élin!" Mein Bruder und Lilja sehen mich vielsagend an. „Mama hat uns mit SMS zugeballert und Liljas Eltern auch. Dein Unfall und dieser Nachrichtensalat von Zuhause haben uns ganz schön die Knie schlackern lassen. Nur du warst schön im Tiefschlaf!"

„Es piepste pausenlos: ‚Was soll das? Fieber? Fohlen? Wo um alles in der Welt steckt ihr? Seid ihr verrückt geworden? Kommt sofort nach Hause!' So ging das die ganze Zeit, auf allen Handys!", erzählt Lilja.

„Lilja hat dann bei ihren Eltern angerufen", unterbricht Einar. „Sie hat ihnen alles erklärt!" Einar sieht Lilja bewundernd an. „Und Katrin und Jóhann beruhigen auch Papa und Mama."

„Von deinem zusätzlichen Abenteuer haben wir aber besser noch nichts gesagt, das erfahren unsere Eltern noch früh genug", ergänzt Lilja.

Obwohl mir gar nicht zum Lachen zumute ist, tue ich's doch, so erleichert bin ich jetzt.

Später, als die beiden schlafen, lege ich meinen Schlafsack zwischen Lilja und Einar und liege wach, bis es dämmert. Dann falle ich in einen unruhigen Schlaf.

Und dann kommt
alles anders

Island aktuell online, 17. April 2010

+++ bisheriger Ascheausstoß: 140 Millionen Kubikmeter +++ 750 Tonnen Asche gelangen pro Sekunde in die Atmosphäre +++ Ortschaft Seljavellir mit 10 Zentimeter Ascheschicht am heftigsten betroffen +++

„Genau genommen ist das gar keine Asche, die der *Eyjafjallajökull* in den Himmel schießt." Einar starrt auf die neuesten Meldungen, die er noch im Bett abruft. „Schließlich findet hier kein Verbrennungsprozess im herkömmlichen Sinn statt. Es wäre also korrekt, von pyroklastischen Sedimenten oder, vereinfacht für euch, von vulkanischem Material zu sprechen."

„Und was macht das bitte für einen Unterschied? Los, Leute, aufstehen!"

Lilja ist als Erste auf den Beinen. Obwohl wir jetzt seit Tagen keine Dusche mehr gesehen haben, steht sie wie aus dem Ei gepellt vor uns. Ihre langen Haare glänzen wie immer, ihre Klamotten wirken im Gegensatz zu meinen wie frisch aus dem Kleiderschrank gezogen. Lilja erinnert mich an eine Mischung aus tapferer, stolzer Wikingerfrau und zarter, zerbrechlicher Fee.

„Wir schaffen es heute auf jeden Fall bis nach *Hveravellir*, dann sehen wir, bis wohin wir vielleicht noch kommen. Der Wind dreht zwar eventuell in unsere Richtung, aber so schnell wird die Asche ...“

„Nein, das ‚vulkanische Material‘ bitte“, unterbreche ich Lilja lachend.

„... so schnell wird dieses giftige Zeug ja wohl nicht hier sein. Oder, Einar?“

Einar nickt, aber ich sehe ihm an, dass er besorgt ist.

„Auf jeden Fall gibt es heute kein warmes Frühstück. *Flatbrauð* mit Trockenfisch muss reichen", erklärt er.

Lilja stöhnt.

Ich kenne meinen Bruder so verdammt gut, dass ich aus seinem Gesicht wie aus einem Buch lesen kann. Was ich lese, gefällt mir nicht. Einar hat Angst! Vielleicht jetzt besonders, denn Mama und Papa haben ihn angerufen und ihm die Hölle heiß gemacht. Er hätte mich zurückhalten müssen, als großer Bruder – all so was eben. Als ob ich mich einfach so von meinem Plan hätte abbringen lassen. Noch dazu von Einar.

Anscheinend fühlt er sich seit dem Gespräch besonders verantwortlich für Lilja und mich. Dass es für uns kein Umdrehen mehr gibt und sie uns mit dem Auto hier nicht abholen können, wissen unsere Eltern jetzt allerdings auch. Einar musste deshalb hoch und heilig versprechen, dass wir ab sofort wirklich täglich Lebenszeichen von uns geben, sms schicken oder anrufen.

„Ich lasse die Pferde trinken und sattele Kátur, Meyla und Vinur. Ihr packt die Satteltaschen und macht die Hütte startklar", ordne ich an.

Nicht, dass Einar denkt, er könne sich jetzt als Bestimmer aufspielen! Einar legt mir seinen Arm um die Schulter.

„Schaffst du die nächste Reitetappe überhaupt?"

Davon, dass ich mich ein bisschen fürchte, wieder aufs Pferd zu steigen, sage ich nichts. Und dass mein Kopf noch immer weh tut und mein Po ein einziger großer, blauer Fleck ist, auch nicht. Außerdem: Noch ein Unglück wird so schnell ja wohl nicht passieren. Also setzen wir unseren Wettlauf gegen den *Eyjafjallajökull* fort.

„Hast du etwas anderes erwartet?", frage ich, drücke meinem Bruder einen Kuss auf die Wange und haste zur Tür.

Obwohl wir heute noch nicht lange unterwegs sind, sind wir müde. Fix und fertig. Richtig erschöpft. Und unseren Pferden geht es ähnlich. Immer wieder zwingen sie uns zum Anhalten, indem sie unerwartet stehenbleiben und mit den Hufen nach Grünfutter scharren. Ich fühle mich mies, wenn ich sie in diesen Momenten zum Weiterlaufen antreiben muss. Aber der Wind hat gedreht, und mit ihm treiben überlebenswichtige Fragen in unsere Richtung: Wie schnell verteilt sich die Asche mit den Luftströmen? Wie nah ist sie bereits?

Und dann schleicht sich noch eine Frage in meinen Kopf, die ich am liebsten verdrängen will. Aber sie ist wie eine lästige Fliege, die an Schafmist klebt. Kann es sein, dass es sinnlos ist, in den Norden und zu Bjarki zu reiten, weil das Giftzeugs bald auch dort ankommen wird?

Der Tag zieht sich heute wie ein Endlos-Kaugummi. Als ich dann aber auf die Karte schaue, bin ich total erleichtert, dass es gar nicht mehr so weit bis *Hveravellir* ist. Mein Gefühl sagt mir, dass wir in der nächsten halben Stunde dort ankommen müssten. Und damit kommen wir dem Ende unserer Rettungsaktion wirklich immer näher. Bald sind die Pferde in Sicherheit!

Gerade, als ich Einar und Lilja die gute Nachricht zurufen will, gerät die Herde wieder in Panik. Was sie dieses Mal plötzlich so erschreckt hat, weiß ich auch nicht. Die Jungpferde galoppieren wie entfesselt los, und Einars Fuchs Vinur macht einen Satz nach vorne. Einen Augenblick lang befürchte ich, dass Einar den Halt verliert. Afdrif ist mitten unter den bebenden Leibern. Ich verfluche den alten Reitweg. Der Untergrund ist uneben und unberechenbar.

Einar schafft es dann doch, Vinur zu bremsen. Und auch die Jungpferde verlangsamen ihr Tempo, aber in diesem Tumult verliere ich für einen kurzen Moment Afdrif aus den Augen, sehe nur, wie ein Dunkelbrauner mit der Vorderhand einknickt und zu Boden stürzt. Die Pferde dahinter drängen sich vorbei, das Tier bleibt mitten auf dem Weg reglos liegen.

Ich zittere am ganzen Körper, als ich Kátur anhalte und aus dem Sattel springe. Mein Hirn rattert in Rekordgeschwindigkeit, während es alle zur Verfügung stehenden Informationen verarbeitet: Dunkelbraunes Pferd, ohne Abzeichen. Davon haben wir zwei dabei: Sígur und Afdrif.

Natürlich liebe ich alle unsere Pferde, aber Afdrif ist meines! Und ihm habe ich hoch und heilig versprochen, auf ihn besonders aufzupassen. Lieber Gott, lass ihm nichts passiert sein! Ich renne die wenigen Meter. Und dann: Kein Zweifel! Mein Pferd, für das ich all die Strapazen, Sorgen und Ängste der vergangenen Tage auf mich genommen habe, liegt verletzt vor mir!

Einar und Lilja haben die Herde eingeholt und treiben sie vorsichtig in unsere Richtung zurück. Lilja ist sofort bei mir und Afdrif.

„Warum steht er nicht auf? Lilja, was hat er?", schreie ich. Aber was soll sie darauf antworten?

Ich taste Afdrifs Beine ab. Er zuckt zurück. Dass er Schmerzen hat, ist offensichtlich. Trotzdem versucht er aufzustehen. Es treibt mir die Tränen in die Augen, wie er sich abmüht, bis er schließlich dreibeinig vor mir steht.

„Er kann sein rechtes Vorderbein nicht mehr belasten! Was machen wir jetzt?"

In meinem Kopf schießen so viele Gedanken durcheinander, dass ich mich fühle, als wäre darin ein ganzer Karton Feuerwerkskörper auf einmal angezündet worden.

„Wir lassen Afdrif einen Moment ausruhen. Bestimmt kann er sich nach einer kurzen Pause wieder besser bewegen. Wir müssen es wenigstens bis nach *Hveravellir* schaffen. Dann können wir überlegen, wie es weitergeht."

Es nieselt. Nebelschwaden hängen tief über dem Tal, und die feuchte Kälte findet jede noch so kleine Gelegenheit, unter unsere Kleider zu kriechen. Nichts als graue Suppe ist um uns herum, wie in einem zeitlosen Vakuum. Die Vorstellung, dass es im *Þjófadalir*, dem Tal der Diebe, und hier oben in ein paar Wochen mild und sonnig und sogar grün sein kann, sie kommt mir vor wie eine Erinnerung aus einem anderen Leben.

Afdrif steht unbeweglich. Sein rechtes Vorderbein setzt er nur leicht auf den Boden auf. Während die Herde mit Futtersuche beschäftigt ist, steht er mit hängendem Kopf neben mir. Mein Pferd. Verletzt! Ich kraule es an seiner Lieblingsstelle hinter den Ohren und flüstere ihm alle möglichen Aufmunterungen ins Ohr.

„Wir müssen Afdrif unbedingt bis nach *Hveravellir* bringen. Bei dem Wetter und so durchgeweicht wie wir sind, können wir unmöglich hier im Zelt schlafen."

Einar hat Recht. Wenn wir heute Nacht kein Dach über dem Kopf haben und unsere Kleider trocknen, dann sind wir spätestens übermorgen richtig krank.

„Von *Hveravellir* starten den ganzen Sommer über Reittouren. Ich bin mir sicher, dass dort noch Restheu lagert. Das wird Afdrif und den anderen gut tun", versucht Lilja mich aufzumuntern.

„Und was, wenn Afdrif es nicht bis zur Hütte schafft?"

„Dann müssen wir uns eben was anderes überlegen."

Bis nach *Hveravellir* ist es nur noch etwas mehr als ein Kilometer. Unter normalen Umständen in gemächlichem Tempo schafft ein Islandpferd fünf bis sieben Kilometer in der Stunde. Ein dreibeiniges Islandpferd mit Schmerzen braucht dafür natürlich eine gefühlte Ewigkeit.

Wir sind so furchtbar durchgefroren, dass Einar mit der Herde schon vorreitet, um in der Hütte ein Feuer zu entfachen. Meyla und Kátur bleiben gesattelt bei Lilja und mir und Afdrif. Lilja reibt sich ununterbrochen die Hände und trippelt wie ein Fußballer beim Abspulen von Aufwärmübungen neben mir her. Nach jeder noch so kleinen Pause muss ich Afdrif antreiben, damit er noch ein paar Schritte weiterläuft.

Mir ist eigentlich zum Heulen zumute, aber ich bin jetzt Afdrifs Leittier, und das zeigt keine Schwäche.

Meine lange Unterhose klebt klatschnass an meinen Beinen. Selbst wenn ich mich heute eine ganze Nacht in die heißen Quellen von *Hveravellir* lege und mich wie ein Suppenhuhn kochen lasse, wird diese Hundskälte meine Knochen nicht mehr verlassen, da bin ich mir sicher.

„Wir haben es gleich geschafft." Lilja deutet auf den Wasserdampf, der an einigen Stellen aus der Erde steigt. Wir haben eine der schönsten Stellen Islands erreicht, das geothermische Gebiet von *Hveravellir*. Wie in einer riesigen Hexenküche brodelt es um uns herum. In Erdlöchern kocht farbiger Schlamm. Fauchende, dampfende Fumarolen dringen aus den Tiefen der Erde. Türkisblaue Quellen schimmern in der monotonen Landschaft. Sie sehen aus wie überdimensionale Edelsteine.

Einar kommt uns auf Vinur entgegengeritten.

„Ich habe die Herde schon im Paddock untergebracht und mit Heu versorgt. Und Feuer in der Hütte gemacht."

„Reite du vor, Lilja, Einar kann ja bei mir und Afdrif bleiben!"

Ich sehe ihr an, dass sie hin- und hergerissen ist. Also verpasse ich ihr einen freundschaftlichen Schubs.

„Tiefgefroren nützt du mir auch nicht!"

„Ich versorge Meyla, ziehe mich um und komme zurück", versichert Lilja.

„Bis dahin sind wir doch längst da!"

Einar und ich sehen Lilja nach, wie sie mit Meyla zwischen den brodelnden Schlammtöpfen verschwindet. Dann bricht Einar unser Schweigen.

„Hör zu, Élin. Wir müssen uns dringend einen Plan B überlegen. Wenn es Afdrif morgen nicht besser geht, dann ...“

„Dann was?“, fahre ich ihn an. „Sollen wir ihn dann hier zurücklassen?“

Einar zuckt mit den Schultern.

„Ich habe kurz gecheckt, wie die Vorhersagen für morgen sind.“ Einar sieht mich an. „Sieht nicht gut aus, Élin!“

Das hätte er wirklich gar nicht aussprechen müssen.

Ein Brett vor dem Kopf

Afdrifs Bein ist angeschwollen. Er steht in der Herde und frisst das letzte Kraftfutter, das ich noch in meinen Satteltaschen habe, während ich mir alle möglichen Beinverletzungen und ihre Behandlungsmöglichkeiten durch den Kopf gehen lasse. Aber egal, wie ich es drehe und wende: Verletzt schafft mein Pferd es nicht vom Hochland bis zu Bjarkis Hof!

„Élin, es gibt warmes Essen und heißen Tee!" Lilja taucht aus dem Nichts neben mir auf. „Einar hat es mit dem Bollerofen richtig schön warm in der Hütte gemacht. Und du musst auch dringend deine nassen Klamotten trocknen."

„Ich weiß. Aber vorher muss ich noch Afdrifs Bein kühlen. Vielleicht finden wir in der Hütte einen Eimer, in dem ich Flusswasser holen kann?"

„Ich glaube, er ist ganz froh, wenn er erstmal in Ruhe fressen kann."

Lilja legt ihren Arm um meine Schulter und zieht mich sehr bestimmt und zielstrebig in Richtung Hütte. Weg vom Paddock. Von der Herde. Von Afdrif. Und weg von der großen Frage, wie ich morgen ein dreibeiniges Pferd aus dem Hochland Richtung *Blöndulón* bringen kann.

Unter anderen Umständen liebe ich diese Gegend. Selbst wenn Touristenbusse hier einlaufen, wirkt *Hveravellir* wie das Ende der Welt. Oder eigentlich wie ein anderer Planet. Die fantastischen Farben, die Mineralien auf der Erdoberfläche und im Wasser hinterlassen, der kochende Schlamm, die dampfend heißen Flüsse und Becken. Mich würde es nicht wundern, hier auf wild fauchende Urzeitdrachen zu treffen. Aber am Ende der Welt oder auf anderen Planeten ist es schwierig, einen Tierarzt zu finden – und das schnellst. Zumindest habe ich noch keinen Plan parat, wie ich das schaffen könnte.

Lilja und ich öffnen die Tür zur Hütte, die oberhalb der heißen Quelle liegt. Es ist jetzt zehn Stunden her seit dem letzten Aufwärmen. Zwölf Stunden seit der letzten Mahlzeit und Mondjahre, seit wir unseren Hof verlassen haben, auch seit wir Mama und Papa das letzte Mal gesehen haben.

„Wie geht es Afdrif?"

Einar hängt meine Regenklamotten über der Tür zum Trocknen auf.

„Sein Bein ist geschwollen. Und er kann immer noch nicht auftreten."

Eine Weile reden wir nicht und schieben die dampfend heißen Nudeln in uns rein. Das heißt Lilja und Einar essen. Mir ist der Appetit gründlich vergangen, obwohl mein Magen vor Hunger knurrt.

„Ich helfe dir gleich, Afdrifs Bein mit kalten Wickeln zu versorgen", bricht Lilja plötzlich unser ratloses Schweigen.

„Und ich kümmere mich um die Herde und halte das Feuer am Laufen", erwacht auch bei Einar der Tatendrang wieder.

„Ohne euch hätte ich schon längst aufgegeben!"

Es regnet und stürmt so heftig, dass die Pferde sich zum Schutz vor Kälte, Nässe und Wind dicht gedrängt aufstellen, die Hinterteile dem Wind zugewandt. Als undurchlässiger Schutzwall gegen die Unbarmherzigkeit des isländischen Hochlandwetters. Afdrif steht mitten drin. Aus seinem langen, dichten Winterfell tropft bräunlich gefärbtes Regenwasser auf mich, während ich vor ihm knie. Lilja taucht alle Handtücher und Stofflappen, die wir in der Hütte finden konnten, in eiskaltes Flusswasser und reicht sie mir. Afdrif lässt reglos zu, dass ich ihn behandele.

„Es ist wärmer als das andere Bein. Das heißt, es ist schon leicht entzündet!"

„Wir können nur hoffen, dass es durch das Kühlen bis morgen besser wird."

„Und dann? Soll ich meinem Pferd zumuten, die nächste große Etappe durch das Hochland zu laufen? Was, wenn er unterwegs nicht mehr weiter kann?"

„Unter normalen Umständen müssten wir abwarten. Aber das ist kein normaler Umstand, Élin. Einar meint, dass der Wind weiterhin Richtung Nordwesten dreht."

„Ja also. Wir bleiben hier, bis Afdrif sich erholt hat!"

„Und was ist mit den anderen Pferden? Und mit uns? Hast du überhaupt mal daran gedacht, dass es hier nicht mehr nur um dich und dein Pferd geht?"

Das sitzt! Natürlich will ich niemanden in Gefahr bringen, schon gar nicht Lilja, Einar oder mich. Und auch nicht die anderen Pferde. Aber Afdrif ist nunmal der Grund, warum ich hier bin.

„Wie stellst du dir das vor? Ich kann Afdrif doch nicht einfach hier in *Hveravellir* zurücklassen?"

„Hier gibt es einen sicheren Paddock und Wasser. Vielleicht können wir auch eine provisorische Schutzhütte aufbauen und ..."

Also doch!

„Das kann ich nicht. Dann bleibe ich auch hier! Bei Afdrif!"

„Du weißt, dass das nicht geht. Wir haben uns etwas versprochen, erinnerst du dich?"

Ich weiß nicht, was ich sagen soll. Lilja hat Recht. Aber Afdrif in *Hveravellir* zurücklassen, obwohl wir nicht wissen, wann auch hier die Asche eintrifft, das kann ich auf keinen Fall!

Das hätten nicht einmal die abgebrühten Männer geschafft, die als erste Siedler mit ihren besten Pferden nach Island kamen.

„Was ist mit meinem Versprechen, das ich Afdrif gegeben habe?"

„Erst morgen früh müssen wir eine Entscheidung treffen. Kapierst du das, Élin?"

Ich bin ja nicht blöd. Trotzdem habe ich keine Ahnung, was ich machen kann.

Während Lilja noch einmal zum Fluss läuft, um den Eimer mit kaltem Wasser zu füllen, kraule ich Afdrif. Seine Augenlieder sind halb geschlossen, und er legt seinen Kopf auf meine Schulter.

„Du musst wieder gesund werden, hörst du? Ich kann dich auf keinen Fall so mitnehmen."

Ich wische meine Tränen an Afdrifs Mähne ab.

Lilja stellt den Eimer vor uns, legt einen Arm um mich und einen um Afdrifs Hals.

„Er schafft das schon. Hast du gehört, Afdrif? Keine Diskussion: Morgen bist du wieder auf den Beinen!"

Ich habe keine Ahnung, wie lange wir hier so stehen. Ich weine. Lilja ist bei mir. Afdrif harrt still aus. Und ich suche fieberhaft nach einer Lösung. Zum Glück behalten wenigstens Lilja und Einar einigermaßen die Nerven. Für mich gleich mit.

Als wir zur Hütte zurückgehen, kommt Einar uns mit Handtüchern entgegen.

„Wenn wir schon an einer der schönsten, heißen Quellen Islands feststecken, dann können wir doch auch was draus machen."

Einar fragt gar nicht, ob uns danach ist, sondern zieht seine Klamotten aus und hüpft in das warme Wasser vor der Hütte.

„Los, kommt schon rein. Was Besseres können wir heute Abend gar nicht machen."

Lilja und ich schauen uns an, nicken, pfeffern die Klamotten in den Hütteneingang, rennen laut schreiend durch den Regen die Stufen runter bis zum Naturpool und tauchen in das unfassbar warme, dampfende Wasser.

Wo auf der Welt gibt's schon so etwas: Im heißen, bei Tag himmelblauen Wasser sitzen, das geothermische Gebiet, das Lavafeld *Kjalhraun* und den Gletscher *Langjökull* überblicken und trotz eiskaltem Mistwetter wie in einer überdimensionalen Badewanne aufgewärmt werden.

„Wenn der *Eyjafjallajökull* endlich aufhören würde, sich so daneben zu benehmen, könnte ich es hier eine Weile aushalten!"

Ich schaue Lilja erstaunt an.

„Vielleicht kommen wir einfach wieder zurück, wenn es Sommer ist und genug Gras wächst und Afdrif gesund ist", schlägt sie dann noch vor.

„Heißt das, du willst noch mal einen Hochlandritt mit mir machen?"

„Könnte ich mir schon vorstellen. Wenn die Reise- und Gepäckbestimmungen dann nicht ganz so streng sind ... und wenn der Koch noch dazulernt. Denn zwei Dinge werde ich in Zukunft ganz sicher nicht mehr runterkriegen: Nudeln mit Fertigsoße und Trockenfisch", grinst Lilja.

„Abgemacht! Und dafür fahre ich mit dir nach *Reykjavik*, ein ganzes Wochenende lang. Und, wenn es sein muss, auch in die *Blaue Lagune*, was mich echt Überwindung kostet, wie du weißt!"

Diese Abwasserhalde des Geothermalkraftwerks ist mittlerweile zwar von Touristen und Isländern überschwemmt, aber mit Lilja macht es bestimmt Spaß, in dem milchigblauen Wasser mitten im schwarzen Lavafeld zu schwimmen und sich danach noch ein bisschen Matsch ins Gesicht schmieren zu lassen, von dem man schöner werden soll.

„Aber mit *Hveravellir* kann die *Blaue Lagune* nicht mithalten. *Fjalla-Eyvindur* hat übrigens zwanzig Jahre lang hier in der Gegend gehaust."

Jedes Kind in Island kennt die aufregende Geschichte dieses Viehdiebs, der vor dreihundert Jahren mit seiner Frau aus dem Süden der Insel fliehen musste, weil er so viel Mist gebaut hatte, dass er für vogelfrei erklärt worden war.

„Wie wäre es, wenn wir nachher noch die Lavahöhle besuchen, in der die beiden hier gelebt haben?", schlägt Einar vor. „Und die Quelle *Eyvindarhver*, in der sie ihr Fleisch gekocht haben."

„Mitten in der Nacht? Das ist ja wohl gruselig!"

„Biiiitttte, Lilja!", bettele ich, bis sie lachend nachgibt.

Ist es komisch, einerseits vor Sorgen fast verrückt zu werden und trotzdem Spaß zu haben? Denn den haben wir alle drei auf jeden Fall, als wir mit unseren Taschenlampen über die Lavabrocken stolpern, *Eyvindurs* Höhle erkunden und dann nochmal durchgefroren in das heiße Wasser des geothermischen Pools hüpfen, bis uns die Augen fast zufallen.

„Woran denkst du?"

Ich wäre fast eingeschlafen. Liljas Frage rettet mich vor dem Tod durch Ertrinken.

„Ganz ehrlich?"

„Ja klar!"

„An *Skyr* mit Blaubeeren auf warmem Getreidebrei!"

Lilja prustet los. „Du denkst an isländischen Joghurt?"

Ich denke an Joghurt, kein Witz, während mein Pferd in ernsthaften Schwierigkeiten steckt. Werde ich vielleicht verrückt?

Obwohl ich so müde bin, dass sich meine Arme und Beine wie Blei anfühlen, kann ich einfach nicht einschlafen. Ich weiß, dass ich am nächsten Tag eine Entscheidung treffen muss. Die wichtigste meines bisherigen Lebens, vor der ich mich logischerweise am liebsten drücken würde!

Stimmt, ich neige gelegentlich zu Dramatik, wenn ich müde bin, also vielleicht ist es auch nicht ganz so dramatisch, wie ich das jetzt sehe. Trotzdem kann ich mich jetzt nicht einfach ins Bett legen und so tun, als wäre der nächste Tag einer wie jeder andere.

Meine erste Idee: Mama und Papa sollen doch versuchen, irgendwie zu kommen und wenigstens Afdrif abholen! Die Idee verwerfe ich sofort. Das Hochland ist für Fahrzeuge gesperrt. Wie sollte das also gehen?

Aber vielleicht müsste ich Mama und Papa trotzdem anrufen und ihnen erzählen, was jetzt noch passiert ist? Problem: Dann machen sie sich nur mehr Sorgen. Also auch nichts!

Zweite Idee: Ich bleibe mit Afdrif hier und warte, bis es ihm besser geht. Lilja und Einar treiben den Rest der Herde wie geplant weiter in den Norden. Aber was, wenn die Asche wirklich hier eintrifft oder es wieder schneit, die Wege absolut unpassierbar werden und uns der Proviant ausgeht? Oder wenn Afdrif auch in den nächsten Tagen nicht laufen kann? Zudem: Lilja und Einar würden das nicht zulassen!

Dritte Idee: Wir kämpfen uns zur Not im Schneckentempo weiter Richtung Norden vor, und Bjarki kommt uns mit Proviant und Medikamenten für Afdrif entgegen. Diese Idee finde ich ziemlich lange ziemlich gut. Bis mir doch noch Zweifel kommen. Wenn sich Afdrifs Zustand unterwegs verschlechtert, stecken wir im Niemandsland und dann kann auch Bjarki ihm nicht helfen.

Ich wünschte, mir würde etwas Besseres einfallen, aber ich fühle mich, als hätte mir jemand ein Brett vor den Kopf genagelt, an dem alle sinnvollen Gedanken abprallen und kein einziger zu mir durchdringt.

Je weniger Zeit bis zum Morgen bleibt, umso mehr strenge ich mich an, die rettende Idee zu haben. Aber je mehr ich mich anstrenge, umso weniger klappt es.

Die Entscheidung

Lilja und ich wachen gleichzeitig auf. Es ist erst fünf Uhr. Trotzdem ziehen wir uns an und wandern mit Eimer und Tüchern zu Afdrif. Jeder Schritt, mit dem wir uns der Herde nähern, fällt mir schwerer. Bitte lass Afdrifs Bein wieder geheilt sein! Alles andere halte ich nicht aus!

Wenigstens hat der Regen über Nacht den letzten Schnee weggeschmolzen, und die Pferde können jetzt noch ein paar Stunden problemlos nach Futter suchen, bevor wir aufbrechen. Wenn wir überhaupt ...

Vielleicht hätte ich dem Schicksal einen fetteren Deal anbieten müssen? Afdrifs Bein ist immer noch geschwollen. Ich fahre langsam von der Schulter aus das Bein entlang nach unten. Anders als gestern stört ihn heute schon der leichteste Druck am Fesselbein.

„Es ist noch schlimmer!"

„So ein Mist!" Auch Lilja ist ratlos.

Jetzt muss sie her, meine Entscheidung, vor der ich mich die ganze Nacht so sehr gefürchtet habe.

Klar ist, dass Afdrif heute nicht laufen kann. Klar ist auch, dass uns die Asche auf den Fersen ist. Wann und wieviel in *Hveravellir* ankommt, wissen wir nicht. Je länger wir hier warten, umso gefährlicher für uns und die Pferde. Das alles addiert sich in meinem Kopf zu einer Rechnung, deren Summe ich nicht wahrhaben will! Es ist nicht das, wofür ich bisher gekämpft habe!

Eine vierte Idee ist mir in der Nacht nicht gekommen. Als sie jetzt mit ziemlicher Verspätung durch meinen Kopf rattert, bin ich auf einmal so aufgeregt, dass ich leicht zittere.

„Ich habe eine Idee, Lilja. Das könnte die Lösung sein!"

Wir lassen alles stehen und liegen, und Lilja rennt hinter mir her in die Hütte.

„Einar, du musst mir helfen, wach auf! Das Flugzeugmuseum in *Akureyri*, erinnerst du dich daran?"

„Was?" Einar richtet sich schlaftrunken auf und lässt sich dann wieder auf sein Kissen fallen. „Du willst mitten in der Nacht mit mir über die Flugzeugsammlung reden?"

„Die Flugzeuge interessieren mich nicht. Aber wie hieß nochmal der Besitzer? Der, mit dem du dich so lange unterhalten hast?"

„Arngrímur. Warum?"

„Der beste Pilot Islands? Erinnerst du dich?"

„Na und?"

„Der beste Pilot Islands kann ganz sicher auch fliegen, wenn andere gar nicht erst starten wollen. Und er kann dort landen, wo andere nicht mal ein Auto parken würden."

„Du übertreibst!"

„Zumindest wird er sich von den Wetterver-
hältnissen hier nicht abschrecken lassen. Und
eine kleine Landebahn gibt es hier. Schließlich
kommen im Sommer doch auch Touristen mit
dem Flugzeug nach *Hveravellir.*"

Ich bin so glücklich über meinen Geistes-
blitz, dass ich gar nicht verstehen kann, warum
Einar und Lilja mit so wenig Begeisterung
reagieren.

„Und was soll Arngrímur hier machen?"

„Er soll einen Tierarzt mitbringen. Und Proviant."

„Das ist doch verrückt, Élin. Warum sollte
er das tun? Der kennt dich doch nicht mal",
wendet Lilja ein.

„Nein, aber das wird sich jetzt ändern!"

„Und woher sollen wir die Kohle nehmen,
um das zu bezahlen?"

„Ich finde Élins Idee nicht schlecht. Wenn
Arngrímur eine Landeerlaubnis erhält, dann

könnte er schon in ein paar Stunden mit einem Tierarzt hier sein", überlegt Einar.

„Wir müssen wenigstens wissen, ob wir den weiteren Weg mit Afdrif riskieren können", versuche ich Lilja zu ködern.

Zum Glück ist auf Einar Verlass. Er hat immer noch die Telefonnummer von Arngrímur in seinem Handy gespeichert. Es ist sechs Uhr und drei Minuten, als ich meine SMS verschicke. Um sieben Minuten nach sechs gibt Einars iPhone einen Pieps von sich. Die Nachricht kommt von Arngrímur.

„Einar, los, sag schon!"

„Er will uns helfen!"

Lilja und ich fallen uns in die Arme.

„Aber er bekommt frühestens für morgen eine Flugerlaubnis. Wegen der schlechten Wettervorhersagen. Er kann natürlich nicht hellsehen, wie sich das Wetter verändert. Du weißt doch: Wenn dir das Wetter nicht gefällt ..."

„… dann warte einen Moment!"

Den Spruch kennt jeder Isländer. Aber in unserer Situation bringen einen das Wetter und das Warten einfach zur Verzweiflung.

„Das heißt, es könnte sein, dass er auch erst in zwei Tagen kommt. Oder gar nicht."

Lilja spricht das aus, was ich gerade so gerne verdrängen will. Nämlich, dass auch Arngrímur mir meine Entscheidung nicht abnehmen kann. In der einen Waagschale ist Afdrif, in der anderen ist die Herde ohne Afdrif, aber mit Lilja und Einar. Wenn ich mich für Afdrif entscheide, riskiere ich den Rest der Herde und vielleicht sind auch meine beste Freundin, mein Bruder und ich in Gefahr. Wenn ich dieses Risiko nicht eingehen will, muss ich Afdrif zurücklassen und kann nicht wissen, wann und ob ich ihn je wiedersehe. Wenn ich alleine auf der Welt wäre, wüsste ich, was ich machen würde. Aber ich bin nicht alleine.

Mich beschleicht das schreckliche Gefühl, dass ich nur verlieren kann, egal, wie ich mich entscheide.

„Ich weiß, dass es jetzt nicht sehr hilfreich ist, zu drängen. Aber wir müssen die Herde so schnell wie möglich weiter in den Norden treiben." Lilja klingt energisch.

Am liebsten würde ich Einars iPhone geradewegs in die dampfende Quelle pfeffern, damit es für immer und ewig im Erdschlund versinkt. Dann kämen zumindest keine schlechten Nachrichten mehr bei uns an.

„Élin, jetzt sag schon was dazu!", fordert Lilja mich auf.

„Wie soll ich es denn übers Herz bringen, Afdrif hier zu lassen?"

„Er kennt das Hochland und weiß instinktiv, wie er sich verhalten muss. Und wenn alles gut geht, ist morgen schon der Tierarzt bei ihm.

Und sobald Bjarki uns dann entgegenkommt, um die Herde zu übernehmen, drehen wir um und holen Afdrif."

Das klingt alles so gut, wären da bloß nicht die vielen „Wenns" und „Abers".

„Was ist, wenn die Asche schneller ist als wir? Oder wenn der Tierarzt überhaupt nicht kommt?"

Ich weiß, dass ich nicht eine ganze Herde aufs Spiel setzen kann, weil ich an meinem Pferd natürlich besonders hänge. Aber die Wahrheit tut so verdammt weh!

Während Lilja und Einar packen, bereite ich den Paddock für Afdrif vor, fülle den riesigen Trog eimerweise mit Wasser und schleppe alles Heu an, das hier noch lagert. Zwischendurch wechsle ich die kühlenden Verbände und flüstere meinem Pferd alles zu, was ich ihm noch sagen will, bevor ich es verlassen muss. Auch wenn ich nicht weiß, was es davon versteht.

Lilja und Einar kommen, um die Pferde zu satteln.

„Wir sollten ein Pferd bei Afdrif lassen. Pferde sind schließlich Herdentiere."

Lilja hat vollkommen Recht! Der Gedanke, dass Afdrif nicht alleine hier bleibt, beruhigt mich ein bisschen. In Gedanken gehe ich jedes einzelne Jungpferd durch und überlege, welches entspannt genug ist, um den verletzten Afdrif nicht noch zusätzlich aufzuregen.

„Wie wäre es mit Jólnir? Die beiden verstehen sich doch gut."

„Zu unerfahren. So wie alle Jungpferde!"

Ich kapiere nicht gleich, wie Lilja das meint. Schließlich verbringen sie genauso viel Zeit selbständig in der rauen, isländischen Natur wie alle unsere Pferde.

„Afdrif braucht ein Pferd an seiner Seite, das ihn zur Not mit Mutterinstinkten beschützen und beruhigen kann."

Lilja holt ihren Sattel, und Einar und ich sehen zu, wie sie den schwarzbraunen Orri sattelt.

„Was machst du da?"

Natürlich sehe ich, was sie macht, aber ich verstehe es nicht. Lilja hat noch keinen Reittag auf einem anderen Pferd als ihrer Stute Meyla begonnen.

Lilja holt Meyla aus der Herde und bringt sie zu Afdrif in den Paddock. Die beiden beginnen sofort, sich gegenseitig zu kraulen.

„Du willst Meyla hierlassen?"

„Meine Stute hat schon vier Fohlen großgezogen. Sie weiß genau, was es bedeutet, die Führung zu übernehmen und Schutz zu bieten. Kein anderes Pferd hier in der Herde kann das schaffen."

Ich kann es nicht fassen, schließlich muss Lilja wissen, was das im schlimmsten Fall bedeuten kann.

„Wir schaffen das! Natürlich lasse ich Meyla nur hier, weil ich davon überzeugt bin, dass alles gutgehen wird."

Manchmal glaube ich wirklich, dass Lilja meine Gedanken lesen kann.

„Das mache ich nicht für dich, Élin, sondern für Afdrif. Also brauchst du gar nicht erst mit dem Hauch eines schlechten Gewissens anzukommen, okay?"

„Du bist ... die Allerbeste!"

Ich umarme meine Freundin. Gemeinsam gehen wir zu Afdrif und Meyla.

„Das ist jetzt kein richtiger Abschied, weil wir ja sowieso bald zurück sind", drängt uns Einar und tritt nervös von einem Bein aufs andere. Er will auf jeden Fall verhindern, dass wir beide losheulen. Aber das kann er nicht.

Afdrif ist ganz ruhig, als ich die Arme um ihn schlinge. Er steht einfach da und lässt es über sich ergehen, dass ein schluchzender

Zweibeiner an ihm hängt und Tränen in seine Mähne schmiert.

Als wir dann *Hveravellir*, *Afdrif* und *Meyla* hinter uns lassen und weiter dem Norden Islands entgegen reiten, fühle ich mich plötzlich wie verwandelt. Ich habe keine Ahnung, woher dieses Gefühl jetzt kommt, aber ich weiß, dass ich es schaffen werde, mein Pferd zu retten. Ich stamme von Wikingern ab. Meine Vorfahren durften nicht zimperlich sein, als sie hier siedelten, denn unsere Insel ist es auch nicht. Ich stamme von Wikingern ab, die es geschafft haben, allen Widrigkeiten zum Trotz auf unserer Insel aus Feuer und Eis, zwischen Vulkanen und Gletschern, engen Tälern und weiten Wüsten zu siedeln. Ich lasse mich nicht kleinkriegen oder abschrecken. Weder von Stürmen und Regen, von eiskalten Flüssen und schroffen Bergen noch von zerklüfteten Lavafeldern oder brodelnden Erdspalten. Auch nicht von einem Vulkan. Egal, wie wild und zerklüftet mein Land sein mag, wie unzugänglich und rau, ich finde meinen Weg! Ich stamme von Wikingern ab, und ich werde Afdrif retten! Der letzte große Endspurt liegt vor uns. Wir müssen schneller sein als die Asche. Und damit schneller als der Wind!

Endspurt

Wir reiten. Schweigsam, stur, nur ein Ziel vor Augen: So schnell wie möglich die Herde in Sicherheit bringen. Und zu Afdrif und Meyla zurückkehren.

Noch vor zehn Minuten war selbst der Himmel über uns froh gestimmt, jetzt braut sich ein Sturm zusammen. Fette, graue Wolken hängen tief und verschlucken die Landschaft um uns herum. Ohne die Steinhaufen am Wegrand, die schon seit Jahrhunderten als Wegmarkierungen dienen, wären wir völlig aufgeschmissen.

Wenn sich die Herde jetzt erschreckt und auseinanderläuft, dann haben wir ein Problem, denke ich. Aber ich schiebe diese Sorge wieder weg. Oder besser gesagt, es drängen sich meine Gedanken an Afdrif und Meyla dazwischen. Was, wenn ich sie doch nie wiedersehe? Hätten wir sie besser nicht in den Paddock gesperrt, sondern frei laufen lassen? Wären dann die Überlebenschancen größer? Dann könnte es aber sein, dass Arngrímur und der Tierarzt sie nicht finden ...

Der Wind beginnt zu toben. Wir legen uns tief auf die Hälse unserer Pferde. Als die ersten Islandpferde mit unseren Vorfahren aus Norwegen kamen, gab es keine andere Fortbewegungsmöglichkeit als zu Pferd. So entwickelten sich die trittsichersten Pferde der Welt, die selbst über unebene Lavawüsten laufen, als ob sie eine asphaltierte Autobahn unter ihren Hufen hätten. Ich vertraue Kátur, dem Fröhlichen, der mich schon so weit auf dieser Reise getragen hat. Ich weiß, dass noch sechzig Kilometer bis zu Bjarkis Hof vor uns liegen und dass wir alle hungrig und durchgefroren sind, aber ich vertraue auch auf diese Herde Islandpferde mit ihrem zotteligen Winterpelz. Und auf Einar, Lilja und mich selbst.

Wir reiten, bis es so spät ist, dass wir gezwungen sind am *Helgufell* endlich unser Zelt aufzubauen. So schweigsam wie heute waren wir dabei noch nie, aber ich empfinde es gar nicht als unangenehm. Ich weiß, dass auch Lilja und Einar mit ihren Gedanken an einem anderen Ort sind – an dem Ort, den wir heute Morgen zusammen verlassen mussten. Wir sprechen nicht über Afdrif oder Meyla, aber es vergeht keine Minute, in der ich nicht an die beiden denke.

„So wie es aussieht, hat die Asche ...“

Ich halte den Atem an.

„... heute nicht *Hveravellir* erreicht.“

Ich seufze erleichtert. Laut.

„*Einarstaðir* ist zum Glück wohl auch von neuem Ascheregen verschont.“

Einarstaðir, mein Zuhause. Ist es wirklich erst wenige Tage her, seitdem wir unterwegs sind?

„Die Aufräumarbeiten haben begonnen", fährt Einar fort.

„Ein gutes Zeichen. Oder?", will Lilja wissen.

„Wahrscheinlich schon. Und ganz sicher könnten unsere Eltern uns jetzt gut gebrauchen!" Einar spricht aus, was alle denken.

Zum Glück muss ich darauf nicht antworten, denn Einars iPhone gibt einen Pieps von sich. Dieses eigentlich lächerlich unbedeutende Geräusch, das ich in den letzten Tagen so oft verflucht habe. Weil die ankommenden Nachrichten von jetzt auf gleich alles bestimmen und ändern können. Pieps – und die Welt sieht gut aus. Pieps – und vor uns tut sich ein Abgrund auf. Pieps, Pieps, Pieps ...

„Arngrímur!"

Einar schiebt mir sein iPhone rüber. Meine Hände zittern vor Aufregung.

„Er kommt! Arngrímur hält sein Verspre-chen. Morgen Mittag ist er in *Hveravellir*. Mit einem Tierarzt." Meine Stimme überschlägt sich. „Und er bringt Heu und Kraftfutter mit. Und Decken und Medikamente."

„Warum macht er das?", überlegt Einar laut. „Er kennt uns doch kaum."

Ich habe keine Ahnung, warum dieser Mann sich für uns so ins Zeug legt und auch einen Tierarzt aufgetrieben hat, um mit ihm nach *Hveravellir* zu fliegen, wo ein verletztes Pferd auf ihn wartet, das er noch nie im Leben gesehen hat. Er macht es einfach.

So ist Island. Und so sind die Isländer eben. Auch wenn man sich nicht gut kennt – irgendwie finden wir am Ende sowieso heraus, dass wir über Ecken wie auch immer miteinander verwandt sind.

Meistens muss man nicht einmal den eigenen Nachnamen nennen, sondern nur den Vornamen und den Ort, aus dem man kommt, und schon weiß der Andere, wer man ist. Familiennamen sind hier nicht wie anderswo. Zum Vornamen eines Mädchens kommt als Nachname einfach der Vorname des Vaters mit der Endung ‚dóttir'. Für einen Jungennachnamen nimmt man den Vornamen des Vaters plus ‚son' am Ende. Ich heiße mit Nachnamen also Árnisdóttir, mein Bruder aber Árnisson. Lilja trägt den Nachnamen Jóhannsdóttir. Aber Nachnamen interessieren hier eh so gut wie niemanden. So ist das in meinem Island, der kleinen Insel mit nur 330.000 Einwohnern im großen Atlantischen Ozean.

Ich schlafe unruhig, wälze mich hin und her, und jedes Mal, wenn ich wach bin, hoffe ich, dass der Morgen schon begonnen hat und wir weiterreiten können. Ständig schaue ich auf die Uhr, checke die Wetterupdates auf Einars iPhone, schaue nach, ob der *Almannavarnir* neue Meldungen herausgegeben hat.

Eine SMS schreibe diesmal ich wie versprochen an Mama und Papa. Und eine zweite, die ich tippe, geht an Bjarki. Darin bitte ich ihn, uns entgegenzukommen auf der F35, die am See *Blöndulón* entlangführt. Ich schreibe ihm auch, dass wir dringend seine Hilfe brauchen und mit einer kleinen Jungpferdeherde bei ihm unterkommen müssen. Beide SMS lösche ich im Ausgang, nachdem sie gesendet wurden.

Am nächsten Tag reite ich wie auf glühenden Kohlen. Ständig schaue ich auf die Uhr und rechne aus, wie lange es noch dauert, bis Arngrímur und der Tierarzt bei Afdrif und Meyla ankommen.

Wenn sie es nur rechtzeitig schaffen, bevor die Asche weiter in den Norden treibt! Aber selbst dann muss Afdrif wieder laufen können, damit er aus der Gefahrenzone rausgebracht werden kann. In meinem Magen kämpfen ganze Armeen gegeneinander. Alles in mir ist in Aufruhr.

Von meiner SMS an Bjarki erzähle ich nichts. Ich will nicht, dass Lilja und Einar sich zu große Hoffnungen machen. Ich mache sie mir natürlich. Der Rest der Strecke wäre so viel einfacher, wenn Bjarki uns entgegenkäme. Dann könnte ich umdrehen und ohne schlechtes Gewissen zurückreiten.

Aber so weit sind wir leider noch nicht. Und ich sollte mich auf das konzentrieren, was jetzt zu tun ist. Bisher hat mich keine der Flussquerungen auf unserem Weg aus der Ruhe gebracht. Keines der Pferde ist auf den glitschigen Flusssteinen ausgerutscht, und keiner von uns ist ins Wasser gefallen. Aber als Kátur diesmal nicht in den Fluss will, sondern zögerlich am Ufer stehenbleibt, fange ich an, Gespenster zu sehen. Noch ein Unfall darf jetzt auf keinen Fall passieren. So kurz vor dem Ziel.

„Ich steige ab und laufe einmal durch, um zu sehen, wie tief das Wasser ist und an welcher Stelle wir am besten queren können."

„Bist du bescheuert?" Einar packt mich grob am Arm. „Wenn du hier den Halt verlierst und im kalten Wasser weggerissen wirst, siehst du dein Pferd nie wieder!"

Einar weiß schon, welchen Knopf er bei mir drücken muss, damit ich auf ihn höre. Aber Papa hat mir, als ich klein war, beigebracht, woran ich immer die beste Stelle für eine Flussquerung erkennen kann. Dort, wo das Wasser einen Strudel bildet, hat sich eine Sandbank oder ein erhöhter Untergrund aus Stein gebildet. Da ist das Wasser am niedrigsten. Unerfahrene Touristen meiden oft genau diese Stelle, weil sie denken, dort sei das Wasser besonders wild und gefährlich. Ich reite einige Meter am Ufer entlang, um den besten Punkt für die Querung zu finden.

„Hier!"

Vor mir dreht sich ein quirliger Wasser-
strudel von einem Flussufer zum anderen im
ansonsten recht ruhigen Flusswasser.

Einar nickt.

Keine Ahnung, warum ich Kátur diesmal
so antreiben muss, bis er endlich den ersten
Vorderhuf ins Wasser setzt. Viel vorsichtiger
als sonst geht er Schritt für Schritt durch den
Fluss. Ich spüre, dass der Untergrund uneben
ist und dass mein Pferd kämpfen muss, um
nicht das Gleichgewicht zu verlieren.

Ich habe Angst.

Und dann sehe ich ihn, meinen Lieblings-
vogel. Ein Gerfalke zieht über uns hinweg.
Sein weißes Gefieder ist mit braunen Spren-
keln übersät. Trotz der heftigen Winde gleitet
er ganz ruhig. Mühelos. Erst ein einziges Mal
habe ich einen so nah gesehen. Obwohl sich
mir immer noch der Magen umdreht vor Auf-

regung, muss ich in mich hineinlächeln: Meine Vorfahren waren abenteuerlustige, kämpferische Nordmänner. Kein Fluss hätte sie aufhalten können. Entschlossen packen meine Hände also einen dicken Büschel von Káturs Mähne, und ich treibe mein Pferd mit neu gewonnener Kraft voran, dorthin, wo der Gerfalke über der Tundra kreist. Er steht einen Moment über der anderen Uferseite in der Luft, bevor er sich entfernt. Ich atme tief durch und lasse den Fluss Stück für Stück hinter mir.

Die perfekte Mischung

Almannavarnir online, 19. April 2010
+++ aktuell Wind aus nördlicher Richtung, im
Laufe des Tages drehend und aus südlicher
Richtung kommend +++ Aschefall heute zunächst
südlich des Vulkanschlotes, später auch nördlich
erwartet +++ Eruption nachlassend +++

„Die Asche kommt in unsere Richtung!"

Ich zittere wie Espenlaub, denn mir schiesst durch den Kopf, was das bedeutet!

„Aber vielleicht hat der Spuk ja bald ein Ende, wenn die Eruption nachlässt?"

„Zumindest scheint der Flughafen in *Akureyri* noch nicht gesperrt, sonst hätten sie das ja längst gemeldet!", versucht Lilja mich aufzumuntern.

„Noch!", betont Einar, nachdem er die neue Meldung gelesen hat.

„Arngrímur hat sich doch bestimmt schon auf den Weg gemacht", wirft Lilja hoffnungsvoll ein.

„Er muss aber auch wieder nach *Akureyri* zurück. Und er wird sicher nicht riskieren, in *Hveravellir* festzustecken."

„Ich habe Mama und Papa geschrieben."

Bevor Einar und Lilja mich ausfragen können, komme ich ihnen zuvor.

„Hatten wir doch sowieso versprochen, uns regelmäßig zu melden. Ich habe ihnen gesagt, dass wir schon hinter *Hveravellir* sind. Von Afdrif und Meyla wissen sie nichts. Und wenn ich schonmal dabei bin, sage ich gleich die ganze Wahrheit: Ich habe auch Bjarki geschrieben."

Jetzt ist es raus!

„Eigentlich gar nicht dumm", überlegt Lilja. „Schließlich kann uns Bjarki jetzt nicht mehr zurückschicken."

„Ich habe ihn um Hilfe gebeten. Er soll uns entgegenkommen. Und wenn er das macht, dann kann ich ..."

„Was?"

„Dann kann ich umdrehen."

„Das verbiete ich dir, Élin!"

Einar spielt sich vielleicht auf! Wenn er es nicht so ernst meinen würde, könnte ich jetzt richtig lachen.

„Ich reite mit Élin zurück!", fährt Lilja dazwischen. „Natürlich erst, wenn wir wissen, dass die Asche immer noch nicht in *Hveravellir* angekommen ist und dass Bjarki uns helfen wird."

„Und dann sitzt ihr fest, wenn das Wetter sich ändert oder wenn der Wind sich dreht oder wenn Afdrif wochenlang nicht laufen kann."

„Ein lahmendes Pferd kommt niemand retten. Ein lahmendes Pferd, ein gesundes Pferd und zwei Mädchen, das ist eine andere Nummer. Da lässt bestimmt auch die Straßenverwaltung irgendwie mit sich reden."

Das ist hoch gepokert. Trotzdem: Lilja hat Recht!

„Eine sitzende Krähe verhungert. Das sagt Papa immer", versuche ich meinen Bruder zu überzeugen.

„Ihr spinnt. Das ist Irrsinn!" Einar schaut mich wütend an.

„Wir schaffen das, Einar! Élin passt auf mich auf, und ich passe auf Élin auf. Und zusammen passen wir auf unsere Pferde auf!"

„Ich könnte euch begleiten", schlägt er vor, obwohl er die Antwort ziemlich sicher kennt.

„Das letzte Stück zu unseren Pferden nehmen Élin und ich alleine!"

Wir sitzen schon wieder eine Stunde im Sattel, als ich in der Ferne ein riesiges Fahrzeug auftauchen sehe. Kein Zweifel, das ist Bjarki. Nicht auf einem Pferd, sondern mit seinem riesigen Pferdetransporter.

Bjarki hält mitten auf der Straße. Ist auch egal, denn derzeit ist hier garantiert niemand unterwegs. Niemand ... außer drei Reitern mit einer Herde Pferde auf der Flucht vor der Asche des *Eyjafjallajökull*.

„Wenn eure Eltern euch erst mal wieder in den Fingern haben ...!" Bjarki schüttelt seine Hand um anzudeuten, was dann passiert. Erst weiß ich ihn nicht recht einzuschätzen, dann springe ich aus dem Sattel und falle Bjarki in die Arme. Er riecht nach Pferdestall und Mist und Schaf und auch ein bisschen nach Schweiß und Kaffee. Fast wie Papa.

Wir verladen die Jungpferde und erzählen in Kurzform, was passiert ist. Auch, dass Afdrif und Meyla noch auf uns warten. Und dass Lilja und ich wieder umdrehen müssen. Einar schaut Bjarki Hilfe suchend an.

Piep. Einars iPhone meldet sich. „Nachricht von Arngrímur: ‚Afdrif bekommt jetzt entzündungshemmende Medikamente und Schmerzmittel. Es geht beiden Pferden gut. Müssen sofort zurückfliegen, bevor auch der Luftraum über *Akureyri* geschlossen wird. Lassen ausreichend Medizin, Nahrung, Decken und Ersatzkleidung da. In zwei Tagen sollte Afdrif wieder laufen können. Vorerst keine Rennen, aber die letzten Kilometer wird er dann schaffen.‘ Na, wenn das keine guten Nachrichten sind!"

Jetzt strahlt sogar mein Beschützer-Bruder erleichtert.

Bjarki legt seine Arme um Liljas und meine Schultern.

„Geht! Holt sie, Mädels! Sie warten auf euch! Den Rest regeln Einar und ich. Und wenn ich höchstpersönlich beim Verkehrsminister eine Freigabe der Route bewirken muss – im Notfall kommen wir euch in *Hveravellir* holen – irgendwie! Bei Bedarf bin ich in null Komma nichts bei euch. Und spätestens hinter der gesperrten Hochlandzone warten wir sowieso mit dem Hänger auf euch. Bis ihr zurückkommt, bringen wir erstmal diese Prachtkerlchen hier in Sicherheit! *Bless bless!*"

Ich bin Bjarki so unendlich dankbar! Ich bin sicher, dass er das weiß und dass man mir das jetzt sogar ansieht.

Lilja und ich sehen uns an. Wir sind beste Freundinnen. So unterschiedlich wie ein Sommertag in einem schicken Café in *Reykjavik* und ein Wintertag im wilden, weiten Hochland unserer Insel. Klingt nach Chaos, ist aber die perfekte Mischung. Ich weiß, wovon ich spreche!

„Einar?", hake ich nach. Ohne die Zustimmung meines Bruders will ich diese Geschichte nicht beenden.

„Die Vorhersagen sind einigermaßen stabil. Ich sage Mama und Papa und auch Jóhann und Katrin, dass Bjarki und Arngrímur uns helfen. Und dass wir alles im Griff haben. Macht schon! *Bless bless!* Reitet los!"

Wir reiten los. Und wie wir reiten!

Und was stimmt wirklich?

In dieser Weltreise-Geschichte habe ich mich an den tatsächlichen Geschehnissen um den Ausbruch des Eyjafjallajökull im Jahr 2010 orientiert. Tipps hat mir meine Freundin Katrine Bruhn Jensen aus Reykjavik gegeben. Sie führt jeden Sommer viele Pferde und Reiter durch das isländische Hochland. Der Kjalvegur, so Katrine, ist der Weg, den Élin, Lilja und Einar mit ihren Pferden wählen sollten. Und das machen sie im Buch auch.

Die Fakten rund um den Vulkanausbruch stimmen übrigens. Genauso wie alle Orte und Informationen zu Land und Leuten.

Zeitungsausschnitte, Internetbeiträge und Informationen von Wetterdienst, Rauði krossinn (Rotes Kreuz) und Almannavarnir (isländischer Zivilschutz, der die Bevölkerung bei Vulkanausbrüchen immer aktuell über den Verlauf informiert und Anweisungen für richtiges Verhalten gibt) bilden das Gerüst.

Die Geschichte, die Personen und Namen aber sind ausgedacht. Bis auf den Piloten Arngrímur. Den gibt es wirklich. Ich habe ihn auf einer Reise durch Grönland kennengelernt und mich dann in Island mit ihm ver-abredet. Als ich ihn in seinem Flugzeugmuseum in der nordisländischen Stadt Akureyri traf, lächelte er schel-misch und fragte: „Lust auf einen Flug?" Klar hatte ich die! Uns so machte Arngrímur eines seiner Oldtimer-Flugzeuge startklar und zeigte mir ganz spontan sein Island von oben. So sind sie eben, diese Isländer!

Ach ja, noch etwas ist eigentlich unglaublich, aber nicht erfunden, sondern typisch isländisch: Der Res-pekt vor dem Huldufólk, dem „kleinen Volk". Beispiels-weise den Elfen. Deshalb werden bei großen Bauvor-haben wie Straßen oder Gebäudekomplexen auch „Elfenbeauftragte" zu Rate gezogen, damit das Hul-dufólk durch die menschlichen Aktivitäten auf keinen Fall gestört wird.

Foto: privat

Die Autorin

Jana Steingäßer arbeitet als Autorin und freie Journalistin. Mit ihrem Mann, dem Fotografen Jens Steingäßer, ihren vier Kindern, Hunden, Katzen Schildkröten, Hühnern und Islandpferden lebt sie im Odenwald, den sie am liebsten vom Pferderücken aus erkundet. Ideen für Bücher kommen ihr fast immer beim Reisen. Drei Jahre war sie mit ihrer gesamten Familie unterwegs, von Grönland bis Südafrika.

Gemeinsam mit ihrem Mann wurde sie für ihr Projekt „Die Welt von Morgen - Eine Familie auf den Spuren des Klimawandels" mit dem „Weitsichtpreis 2016" ausgezeichnet. Bei einer Reportagereise bekam sie die Wucht des *Eyjafjallajokull* tatsächlich bis ans andere Ende der Welt zu spüren: Sie hätte um ein Haar nicht aus dem australischen Outback wieder abreisen können, weil der isländische „Vulkan-Superstar" den Luftverkehr über Europa lahmgelegt hatte. Auf gepackten Koffern kam ihr die Idee zu diesem Buch. Im DIX Verlag ist in derselben Reihe bereits der Band „Weltreise Australien: Paula und die Wüstenflamme" erschienen.

www.reiselabor.de

Die Illustratorin

Sabine Rixen ist freischaffende Künstlerin, sie lebt und arbeitet im belgischen Eupen. Nach ihrem Kunstabitur in Lüttich studierte die aus der belgischen Eifel stammende Künstlerin freie Malerei an der Hochschule Saint-Luc (Lüttich/ Belgien) bei Professor Pierre Deuse. Danach verbrachte sie mehrere Jahre im Ausland. Neben der Illustration widmet sie sich der freien Malerei, der Plakatkunst sowie der Live-Zeichnung für Tanz und Theater.

Im DIX Verlag sind von ihr bisher erschienen: „Der weltbeste Erfinder", die Buchreihe „Oma Frida", „Jakob und das blaue Wunder" und alle Bände der Reihe „MuseumsMeute ..."

www.sabinerixen.de

Lust auf noch mehr Reiseabenteuer?

Dann bitte weiterblättern!

Marc Hermann

Weltreise China

Lilli und die Drachenräuber

Das hätte Lilli nie gedacht: dass ein Besuch im China-Restaurant so spannend sein kann! Der geheimnisvolle Restaurantbesitzer Herr Tao und sein seltsamer dicker Kater Dr. Fu weihen sie in ein Geheimnis ein. Durch einen Zauberspiegel betritt sie eine magische, von Drachen und anderen Fabeltieren bewohnte Welt. Sie freundet sich mit einem kleinen Drachen an, und als ihre Mutter mit ihr durch China reist, ist der Drache immer heimlich mit dabei. Und damit geht das Abenteuer erst richtig los, denn eine Bande von Drachenräubern hat es auf Lillis übermütigen, pudelgroßen Drachenfreund abgesehen ...

Illustriert von Miriam Bröllos
224 Seiten (ab 8)
ISBN 978-3-941651-72-2

www.dix-verlag.de

Jana Steingäßer

Weltreise Australien

Paula und die Wüstenflamme

Eigentlich wollte Paula gar nicht nach Australien reisen. Und dort angekommen wird zunächst auch alles schlimmer als geahnt. Ihre Mutter muss ins Krankenhaus und will, dass Paula dennoch etwas vom Land zu sehen bekommt. Und so verschlägt es sie zu Tante Sim ins australische Outback – völlig ab von allem. Als bald schon ein Zeitungsartikel über die verschwundene „Wüstenflamme von Andamooka" auftaucht, beginnt eine Verfolgungs- und Rätseljagd quer durch Australien. Paula erlebt mit ungewöhnlichen Menschen und an wundersamen Orten die spannendsten Wochen ihres Lebens.

Illustriert von Betie Pankoke
224 Seiten (ab 8)
ISBN 978-3-941651-78-4

www.dix-verlag.de

Hier lebt Bjarki

Blöndulon

Hveravellir
das geothermische Gebiet

Berghütte von Hvítárnes

Gullfoss

Reykjavik

die Route,
die die Kinder
durch das
Hochland reiten

Eyafjallajokull

Hier liegen die Gehöfte
Einarstadir und Johannstadir,
wo Élin, Einar und Lilja leben